Introduction

C'est trop peu de dire que ce livre n'engage que moi : j'ai tout quitté pour l'écrire. J'ai renoncé aux présidences que j'exerçais, dans des associations que j'aimais ; j'ai renoncé à des fonctions que j'aurais pu, avec joie, continuer à remplir. Je ne voulais compromettre personne en soutenant des idées que certains prendront sans doute mal. Or on arrive à un moment dans la vie où il devient impérieux de pouvoir exprimer ce que l'on pense sans en faire retomber la responsabilité sur autrui, et sans non plus consulter chacun, atténuer, édulcorer, de manière à refléter les opinions de tous et à ne froisser personne. Il vient aussi un temps où l'on sent le péril trop grand pour ne pas réagir. J'ai toujours tenté d'être modérée : je n'ai plus aujourd'hui le choix qu'entre le désespoir et la protestation ouverte. Je ne suis, je l'ai dit, mandatée par personne ; mais quand on voit craquer de partout une institution à laquelle on a consacré sa vie, cela constitue un mandat plus que suffisant.

Il s'agit donc d'un témoignage personnel, né de mon expérience. J'y cite des faits et des souvenirs qui sont les miens. J'y emploie la première personne. J'y dis mes réactions. Que l'on ne s'y trompe pas, pourtant ! Des milliers de témoignages recouperaient le mien et le confirmeraient.

Il ne s'agit pas au demeurant d'exprimer un engagement politique. Traiter de l'enseignement, c'est traiter de politique, au sens large du terme ; car tout ce qui se décide en ce qui concerne la formation des enfants ou des jeunes aboutit, quelles que soient les mesures prises ailleurs, bonnes ou mauvaises, à préparer l'avenir de façon directe et inéluctable. Mais c'est en ce sens seulement que j'en traite. Je crois, en fait, que le mal qui me préoccupe a commencé il y a longtemps. Le nouveau régime n'a fait, à cet égard, que continuer le précédent. Seulement, il a soudain aggravé les choses, en accélérant l'évolution de façon délibérée. Il est vrai que, dans l'enseignement secondaire en particulier, les tendances égalitaires et la politisation ne datent ni d'aujourd'hui ni d'hier, non plus que l'insuffisance des crédits, le mépris des disciplines littéraires, ou la chute du niveau : tout cela existait déjà, de façon alarmante, avec la bénédiction du pouvoir. Mais, brusquement systématisées et installées au cœur d'une réforme de structure, ces tendances s'imposent aujourd'hui partout, faisant épanouir et proliférer le mal jusqu'alors larvé.

Je tenterai d'expliquer en partie comment ce mal s'est déchaîné au point de mener à une crise si aiguë. Ce sera, entre autres, l'objet des chapitres consacrés au refus de la sélection et à la politisation. Mais je voudrais d'abord décrire en quoi il consiste et comment il couvait depuis des années avant de se déclarer aujourd'hui ouvertement. Il n'est pas particulier à l'enseignement supérieur. Il ne saurait l'être ; car il existe de toute évidence entre le secondaire et le supérieur une étroite dépendance réciproque. Les élèves de l'un deviennent les étudiants de l'autre et retournent comme maîtres dans le premier. Le mal ne peut donc pas être considéré dans un de ces enseignements isolément. Il n'est pas non plus né simplement d'une loi, mais de toute une série de mesures, d'habitudes progressivement adoptées, de décrets et d'usages inavoués, qui, en fin de compte, se conjuguent et se renforcent les uns les autres.

Je ne parlerai donc des mesures en question qu'au détour de l'exposé et en fonction d'analyses plus générales. Cette attitude m'était naturelle (après tout, je ne suis pas journaliste, mais professeur) : j'y étais aussi encouragée par plusieurs raisons.

D'abord j'ai éprouvé qu'il n'est pas si facile que cela d'écrire sur ces mesures ou sur ces lois autrement qu'au jour le jour ; car l'époque présente est enveloppée de flottement, de mystère et d'incertitude. On entend dire que des décrets se préparent, puis qu'ils sont abandonnés et qu'il ne faut pas s'inquiéter. Là-dessus, on apprend qu'ils sont pris. Quand la loi vous inquiète, on vous renvoie à d'hypothétiques décrets d'application, qui devront tout arranger. Et, pendant que la loi se vote, une série de mesures isolées viennent mettre sens dessus dessous un autre enseignement. J'ai commencé à écrire ce livre à la fin de l'été, et je fais partie de beaucoup d'organismes où l'on doit se tenir au courant : or j'ai déjà dû supprimer des critiques, car quelqu'un m'apprenait au passage : « Non, non, c'est abandonné... » ; et déjà j'ai dû en ajouter parce qu'un coup de téléphone me signalait un fait nouveau et imprévu. On tente, dit-on, de simples « expériences » ; et l'expérience devient fait accompli... J'ai tâché de ne pas donner pour réalité ce qui ne l'était pas encore ou ne l'était plus, mais il n'est pas facile d'être fixé : peut-être certains sont-ils au courant ? Dans ce cas on se demande à quoi visent ces fausses nouvelles perpétuellement contredites.

Cette atmosphère — et c'est peut-être là son explication — a contribué à nous tenir tous silencieux : comment se battre sur des on-dit ? Ce n'est ni facile ni de bonne méthode universitaire ! On patiente, et l'on attend ; après quoi il est trop tard. Et les mauvais coups arrivent, comme à la boxe, là où l'on ne se gardait pas. On peut d'autant moins s'en défendre que l'on a l'impression oppressante de se battre contre un énorme édredon de plume, léger, mobile, insaisissable, mais très capable de vous étouffer pour finir.

Il fallait donc remonter plus haut, et viser les grands principes cachés derrière l'ensemble.

Aussi bien n'y avait-il pas de sens à critiquer des mesures qu'il était impossible de combattre. Déjà adoptées, déjà passées dans la loi, ou préparées, ou à venir, elles s'imposeront sans que nos avis, et moins encore mes critiques, aient rien à y voir. Je ne suis pas de ceux dont l'opinion, aujourd'hui, peut compter. J'appartiens à toutes les catégories les plus suspectes : professeur de haut niveau, professeur de lettres, spécialiste de grec ancien, à orientation philologique, quoi de pire ? Et de toute façon, les faits sont là. Les mesures prises sont légales ; et non seulement elles sont légales, mais elles sont prises sous l'inspiration et selon les vœux de catégories d'enseignants dont le nombre fait la force.

Je n'ai donc pas choisi de faire porter ma critique sur telles mesures prises isolément, dans le passé, le présent ou le proche avenir. Et je n'ai suivi pour la présenter ni l'ordre des études ni celui des réformes. Ce propos fait que certaines mesures reparaîtront à divers endroits de l'exposé, selon le jour qu'elles jettent sur tel ou tel principe fondamental : un bref index permettra à ceux qui le voudraient de retrouver ce qui concerne chaque usage ou chaque projet. Le fait que les mêmes questions puissent être traitées sous divers aspects constitue une preuve de plus du caractère systématique et convergent des entreprises actuelles.

En me plaçant sur ce terrain, en tout cas, je pouvais espérer donner à ma critique un caractère plus constructif. Car, si ce qui est fait est fait, en revanche il pouvait n'être pas inutile, en vue des discussions futures et des combats éventuels à soutenir, de tenter d'expliquer un peu quelles valeurs sont en cause. Aux professeurs qui ont réfléchi sur leur métier, cela n'apportera guère d'éléments nouveaux : je serais déjà heureuse si cela leur fournissait quelque appui pour les débats ultérieurs où ils auront à intervenir, et si cela les aidait, au sein des institutions nouvelles, à exercer leur activité professionnelle de façon meilleure, grâce à une prise de conscience plus claire du rôle qui doit être le leur. En même temps, je ne puis m'interdire d'espérer que peut-être certains me liront qui ne connaissent pas ce que connaissent les professeurs, et qu'ils seront ainsi plus alertés sur une question qui touche directement leur avenir ou celui de leurs enfants, ainsi que l'esprit même qui régnera, dans dix ans ou dans vingt ans, parmi les jeunes Français d'alors.

Pour beaucoup de points, je ne suis ni la première ni la seule à m'inquiéter. Si je ne savais pas qu'un nombre considérable de collègues et de parents, quelles que soient d'ailleurs leurs idées politiques, partagent ma réaction, je n'aurais pas pris sur moi de l'exprimer. Au reste, même publiquement, d'autres ont déjà manifesté de l'alarme. De nombreux articles ont paru ici ou là. D'autre part, plusieurs chapitres de ce livre se trouvaient déjà écrits lorsque parut le livre de Laurent Schwartz intitulé *Pour sauver l'Université.* J'ai été heureuse de voir ces excellents avis formulés, avec force et clarté, par quelqu'un que ses opinions politiques ne rendaient pas suspect d'hostilité au régime, et à qui son grand renom scientifique donnait une autorité exceptionnelle. Cela ne m'a pas dissuadée de poursuivre ma propre tentative, qui, du reste, était différente. Mon étude, je le rappelle, ne s'attache pas uniquement aux mesures en cours. Elle porte plus d'attention à l'enseignement proprement dit qu'à la recherche en tant que telle ; dans cet enseignement, elle unit le secondaire et le supérieur ; et, quel que soit le niveau considéré, elle traite plus des lettres que des sciences. Je suis littéraire moi-même et parle de mon expérience propre ; aussi bien suis-je convaincue que les lettres sont aujourd'hui beaucoup plus menacées encore que les sciences — tout comme le secondaire semble plus atteint que le supérieur. Les deux derniers chapitres, qui portent sur la langue française et sur les lettres, correspondent directement au premier de ces deux soucis : l'autre se traduit dans le fait que les chapitres antérieurs traitent tous, autant que possible, des deux enseignements à la fois et des problèmes communs qui les touchent ensemble.

J'aurais aimé parler aussi des autres catégories, comme l'enseignement primaire, ou technique. Je suis sûre que, là aussi, tout se tient. Je ne l'ai pas fait car je n'ai voulu parler que de ce que je connaissais vraiment. J'ai été professeur dans des classes diverses de lycées, dans les classes de préparation à l'École Normale Supérieure de jeunes filles, dans les Écoles Normales Supérieures elles-mêmes. J'ai été assistante, maître de conférences, puis professeur, à l'Université de Lille puis à la Sorbonne ; j'y ai dirigé la section de grec (ou U.E.R.). J'ai fait partie du jury d'entrée à l'École Normale Supérieure et du jury d'agrégation. Bref, je parle d'expérience. Et, si le souvenir de mes débuts est lointain, il est renouvelé chaque année par les récits de mes étudiants, devenus professeurs à leur tour. Je ne connais que l'enseignement au monde ; mais je le connais bien.

Certains penseront que j'en donne une image trop sombre. Je serais la première à me réjouir si c'était vrai. Mais je crains qu'il n'en soit rien. J'ai été un professeur heureux et je connais encore quantité de professeurs heureux. Il y a encore aussi de bonnes classes, des élèves brillants et pleins d'ardeur, ainsi que des étudiants motivés et déjà savants. Et chaque fois qu'une classe est meilleure que celle de l'an passé, les professeurs, dans leur optimisme, sont prêts à croire que les choses reprennent. Mais ces moments privilégiés et ces îlots bénis ne doivent pas tromper ceux qui ont la joie de les connaître. Leurs impressions seraient différentes s'ils voyaient d'autres établissements et s'ils avaient, pour juger, la possibilité de comparer avec le passé et de percevoir ce qui se prépare. Si je noircis les choses, c'est parce qu'elles noircissent elles-mêmes, très vite.

Je n'étais pas, par tempérament, portée à les noircir. J'ai écrit en 1968 un petit livre intitulé *Nous autres professeurs,* qui était un acte de foi, de fierté, de confiance. J'ai toujours la même foi dans l'enseignement en tant que tel, mais j'ai perdu confiance, peu à peu ; et, depuis un an, je vis dans l'angoisse pour ce que j'ai connu et servi.

Si cette angoisse était désespoir, je n'aurais pas écrit ce livre. Il se veut, certes, un cri d'alarme ; mais il entend toujours entretenir l'espérance. On ne peut pas s'occuper de jeunes toute une vie et ne pas garder l'espérance.

I

MARASME

Le marasme n'est pas nouveau, dans l'Université ; mais il s'aggrave, ces temps-ci, du haut en bas du corps enseignant. Et il a pour résultat que des professeurs enseignent mal, ou bien quittent l'enseignement, par n'importe quel moyen.

Ce marasme est donc à la fois un signe net du mal dont souffre l'enseignement, et une cause de plus qui en précipite le développement.

Tout au long de la vie des enseignants, dans le secondaire et dans le supérieur, on en perçoit les symptômes ; et, à travers eux, on mesure tout ce qui ne va pas : depuis les débuts du jeune enseignant jusqu'au terme des carrières les plus réussies, le malaise est exactement le même et ne cesse de s'intensifier.

Il commence, naturellement, avec la première nomination. Je ne dis pas que les débuts aient toujours été faciles : passer de l'atmosphère savante des études à des enfants ignorants et mal dégrossis est, bien entendu, déroutant. Mais aujourd'hui le choc est devenu infiniment plus rude.

Les agrégés commencent dans des collèges. Les

premières nominations, inspirées par le sens égalitaire et confiées à l'électronique, produisent souvent des résultats consternants. Ces jeunes filles et ces jeunes gens, après tant d'années de travail et tant de sacrifices, sont jetés loin des leurs, sans que leurs aptitudes ou leurs obligations familiales soient prises en considération. Le plus brillant normalien, après l'agrégation, et après un début dans la recherche, se voit expédié dans un petit collège éloigné de tout, où son savoir sert assez peu, où il est coupé de toute université et incapable de poursuivre le travail commencé. Qui plus est, il s'y trouve livré en pâture à des collègues ayant moins de titres et portés à la jalousie. Souvent il se cache d'être agrégé et se cache d'être normalien. Dans ces conditions-là, il va être heureux, notre jeune homme !

Vous me direz que cela vous est bien égal et que vous ne cherchez pas le bonheur d'un jeune privilégié qui a été assez gâté comme cela. J'en suis d'accord. Ou plutôt j'en serais d'accord, si je ne mesurais pas les conséquences pour l'ensemble et pour l'avenir de notre enseignement. Car notre jeune homme n'est pas un sot : il ne restera pas. Il ira tirer toutes les sonnettes, s'informer partout, préparer un autre concours ; et vous le retrouverez bientôt dans l'administration ou dans l'industrie, à l'étranger, ou bien dans quelque institution pour chercheurs et penseurs : le système des nominations le condamne à rester dans les privilégiés, et il ôte à l'enseignement ce que ce jeune homme lui aurait apporté. Cela sans compter que ses camarades, instruits par son exemple, lutteront, à l'avance, pour que les normaliens puissent, purement et simplement, échapper à l'enseignement. La mesure a failli être adoptée ; la revendication se comprenait ; mais la perte pour le secondaire se comprend mieux encore.

Encore n'ai-je parlé ici que des cas simples ; mais les gens mariés ! mais les problèmes de famille ! J'ai connu une jeune femme, enceinte, qui demandait un poste d'agrégée à Grenoble, où était nommé son mari : elle ne voulait pas rester à Paris, si loin de lui. Elle fut nommée dans la Marne et n'eut qu'à ajouter au voyage redouté un voyage supplémentaire, beaucoup plus compliqué que le simple Paris-Grenoble. Et quand une chose est faite, elle est faite. Ô Kafka !... Je connais aussi bien des femmes mariées et mères de famille, déjà expérimentées, qu'une nomination peu souhaitée oblige à des heures de trajet, en métro, en train, en autobus, et à des levers avant l'aurore, pour gagner leurs lieux de travail. De fait, chacun connaît des cas de ce genre : on pourrait en citer des centaines. Le résultat, là aussi, c'est la fuite. Pense-t-on au gaspillage que représente, pour le pays et pour l'esprit, le fait qu'une fille, qui a réussi, après cinq ans de travail assidu, à passer l'agrégation des lettres, qui a appris et compris tout ce que doit apprendre et comprendre un bon professeur, préfère en fin de compte devenir secrétaire ? J'en connais, hélas, plus d'un exemple.

Mais enfin supposons un enseignant qui, sans trop de drame, se trouve mis en présence de ses classes : cela devrait être amusant et excitant ; cela l'était ; mais, pour beaucoup, c'est devenu un peu comme une saison en enfer. Le niveau, en effet, a de quoi désespérer. Et nos jeunes enseignants désespèrent. Pour enseigner quoi que ce soit, il faut des repères.

On ne peut corriger une dictée si l'enfant ne sait pas qu'il y a une différence entre l'infinitif « aimer » et le participe « aimé ». Et que faire quand on découvre que des étudiants de licence ignorent souvent l'existence de siècles avant J.-C. ? Et comment se débrouiller avec des élèves de latin qui ignorent qu'il y avait des consuls à Rome, parce que, tout simplement, on ne fait plus ou ne faisait plus, d'histoire romaine en seconde ? On ne peut rien enseigner en histoire sans un minimum de perspectives. Aussi, lorsque tous ces repères s'effondrent, que les dates se télescopent, que les mots sont inconnus, aucune pédagogie au monde ne peut vous tirer d'affaire. Et je sais bien que la plupart de ces jeunes, s'ils ont un peu le feu sacré, se demandent alors souvent, le cœur lourd : « Moi qui aimais les choses de l'esprit, qu'est-ce que je fais ici ? » Ils me le disent, et je peux imaginer leur expérience, à voir ce que savent les bacheliers à leur entrée dans les universités. Mais, naturellement, on ne me croira pas. Collectionnez toutes les histoires que vous voudrez : du fait même qu'elles sont racontées elles deviennent des cas limites, des exceptions. Même à moi, ces anciens élèves répètent, avec cet air désolé de ceux qui n'espèrent plus convaincre : « Non ! vous ne pouvez pas imaginer ! »...

Ce manque total de repères a des causes diverses, sur lesquelles je reviendrai. En tout cas, une chose est sûre : c'est que, devant une telle situation, les professeurs se découragent. Or un professeur découragé devient un moins bon professeur. Qui plus est, le phénomène fait boule de neige ; les récits de ce professeur découragent les autres : ceux qui auraient pu bien enseigner ne souhaitent plus être professeurs ; ceux qui enseignent déjà n'y mettent plus l'ardeur qu'il faudrait. Peu à peu, le zèle s'éteint : expliquer un texte, quand les enfants ne savent plus le sens des mots, ne situent plus l'auteur dans une époque et n'ont jamais rien lu de lui, devient un effort déprimant, auquel tout doucement on renonce.

Encore si l'on pouvait s'y attacher dans la paix et la sérénité, s'y donner, et se dire que l'on fait œuvre utile envers tous ces moutards ignares ! Oui, mais voilà : cette paix et cette sérénité, on ne les a presque jamais. Le résultat combiné de l'élargissement brusque de l'enseignement et des pédagogies nouvelles, où l'autorité doit se taire, fait que l'on ne peut plus les aider, ces moutards ! Leur faculté d'attention, non exercée, n'est souvent que de dix minutes. Et ils ne savent pas non plus, même en sixième, rester plus de dix minutes assis à leur place. On m'a parlé d'un professeur dont les élèves étaient si incapables d'une attention soutenue qu'il lui fut recommandé de changer d'activité tous les quarts d'heure ; et comme ils étaient incapables de prendre tous ensemble leur cahier ou leur livre, le temps se perdait dans le désordre et l'inaction. Leur attention n'a pas été exercée. Pire : la discipline ne leur a pas été apprise. Comment enseigner au milieu du bruit, de l'insolence, en se heurtant à des résistances souvent hostiles ? Le premier choc que doit subir l'enseignant, aujourd'hui, c'est l'indiscipline.

Je ne prétends pas que ce soit le cas partout. Il y a des classes attachantes, des lycées ou des collèges parfaitement tranquilles, des enseignants écoutés. Mais il suffit de deux ou trois élèves, dans une seule classe, pour rendre la vie invivable aux autres.

Petites pimbêches, qui veulent faire les malignes pour étonner les camarades, garçons brutaux, qui ne savent à quoi employer leurs forces et qui se sentent sûrs de l'impunité... Un professeur dit à un élève : « Asseyez-vous » : l'élève répond : « Je vous emmerde. » Bon ! Et puis ? On le met à la porte ? Il revient et recommence. Les autres s'amusent. L'administration n'aime pas cela. Le professeur s'énerve. J'ai dit qu'il suffisait d'un ou deux élèves : en fait, il suffit d'un ; mais, en général, s'il y en a un, il y en aura vite plusieurs. On dit à une classe : « Entrez dans la salle » : personne ne bouge. Bon ! Et puis ? Cela fait là une heure perdue pour tout le monde, sans compter celles pour lesquelles le professeur, excédé, se donnera désormais moins de mal. Ce n'est d'ailleurs pas que cette classe soit hostile à ce professeur : c'est que l'épreuve de force est amusante, et réussit presque à tout coup. Le professeur accepte de parler dans une salle où l'on a cassé et arraché des fragments de sa table, volé les craies, dessiné sur les murs. Comment l'empêcher ? Peut-être est-ce par mesure d'économie, mais le nombre des surveillants a, dans certains établissements, diminué dans des proportions telles que tout devient possible. J'ai vu des avis officiels recommandant de fermer à clef les salles à l'instant où on les quitte : autrement tout est saccagé, et les agents de service se lassent. Je les comprends ; mais se demande-t-on si les professeurs, eux, ne sont pas également lassés ? Les chahuts, les violences, sont légion : le professeur, dans ce monde d'où l'on a délibérément banni le respect de l'ordre, n'a qu'à fermer les yeux. Mais quel cours fera-t-il dans cette atmosphère ?

Alors intervient la dépression nerveuse, qui est fréquente, ou, plus simplement, le marasme.

Naturellement, un peu d'estime aiderait ces enseignants. Et aussi le désir de réussir, de se faire entendre. Mais, depuis bien des années, qu'a-t-on fait pour les conforter ? On les a soumis à mille servitudes : on les a obligés à tenir compte, patiemment, des parents d'élèves et des représentants des élèves ; on les a obligés à rentrer plus tôt de vacances, à fournir plus d'heures ; on a restreint l'éventail des salaires et limité les initiatives ; on les a obligés à accepter les décisions d'une administration ennemie des histoires, et on leur a imposé l'humiliation de ne pouvoir sévir et de devoir garder, au détriment de tous, des élèves insolents ou incapables. Il arrive même que des membres de l'administration, dans certains établissements, agissent comme si leur rôle était, sacrifiant tout à un ordre illusoire, de mettre au pas les professeurs : semonces et emplois du temps de rétorsion sont alors la rançon des efforts imprudents pour défendre un minimum d'ordre. Une fois suffit, là aussi. Le professeur renoncera.

Quant à ceux qui étaient, hier encore, des professeurs heureux et généreux, ils deviendront, sur le tard, plus découragés encore, quand une longue expérience leur fera mieux percevoir tout ce qui s'est perdu depuis leurs débuts. Beaucoup, s'ils ne se tournent pas vers l'édition ou la politique (pour laquelle les chiffres sont éloquents), prendront une retraite anticipée. Et l'économie s'en réjouira sans doute, puisque cela libérera des postes ; mais les responsables de l'enseignement devraient voir là le plus grave des symptômes.

La chute du niveau entraîne le marasme des professeurs ; et, par contrecoup, ce marasme, en privant l'enseignement des personnes et des qualités qui en assuraient le maintien, abaisse encore le niveau.

C'est là un péril certain. Le bonheur des professeurs n'est pas le but du législateur. Mais le maintien des bons éléments dans l'enseignement est la condition même de sa qualité ; et la façon dont chacun enseigne est fonction des dispositions où on le met. La fuite hors de l'enseignement est donc, pour demain, un facteur de ruine redoutable.

C'est aussi le signe que quelque chose, désormais, ne va plus — et même plus du tout.

Or ce que je viens de dire de l'enseignement secondaire n'est pas moins vrai — il faut le savoir — de l'enseignement supérieur.

Naturellement, pour les jeunes du secondaire, le supérieur est le refuge. On fait une thèse, non pas par goût de la recherche, mais avec l'espoir d'échapper au secondaire. On essaie ; et l'effort représente autant de pris sur le temps et l'ardeur des enseignants du secondaire. Il représente aussi autant de pris sur la qualité des thèses en question. La plupart ne seront jamais finies : la thèse-fuite est un phénomène bien connu des enseignants du supérieur.

Mais ce paradis auquel aspirent les jeunes du secondaire n'en est pas un, pour personne.

Peut-être les assistants et maîtres-assistants, tout à la joie de leur victoire, applaudissent-ils aux mesures récentes : les voilà qui, recrutés à l'origine pour des fonctions provisoires devant leur permettre de préparer leurs thèses dans de meilleures conditions, ont été d'abord installés à vie, puis presque assimilés aux professeurs et pourvus de droits de vote proportionnellement supérieurs. Il y a de quoi applaudir. Mais beaucoup de ceux que je connais n'y sont pas si portés que cela. Car le statut qu'ils réclamaient n'est pas tout. Ceux que je vois le plus enseignent le grec ; or les mêmes mesures égalitaires et niveleuses, qui leur assurent tant d'avantages, ruinent le grec à tous les niveaux. Ils ne seront plus « assistants », mais « enseignants-chercheurs » ou « maîtres de conférences » ; seulement, s'ils ont trois étudiants, ils seront bien avancés ; et, s'ils en ont suffisamment, mais qu'à chaque vacance un poste de leur spécialité disparaisse, ce ne sera pas mieux. Je parle de grec, et le grec souffre plus que d'autres ; mais aucune discipline, sinon les plus en vogue, n'a actuellement assez de crédits pour fonctionner honorablement, et s'épanouir. Voilà donc les enseignants du supérieur ramenés au sort misérable et à l'insatisfaction dont on a vu l'existence dans le secondaire. Et, de fait, les mêmes causes de désaffection vont se retrouver, avec le même effet.

Le niveau, toutes proportions gardées, est également démoralisant. Un professeur de latin qui voit de futurs licenciés appeler « Axiom » la bataille d'Actium, et mentionner comme historien latin « Plot », c'est-à-dire le comique Plaute, ne tardera pas à déchanter.

De même ceux qui enseignent dans des salles couvertes de graffiti plus ou moins obscènes, et dans lesquelles manque tout ce qui pouvait se voler. Je connais des universités où l'on a ainsi dérobé jusqu'aux ampoules électriques ! Le secondaire n'a en effet nullement le privilège du désordre, loin de là.

À cela s'ajoute enfin, pour décourager les bonnes volontés, l'incertitude même dans laquelle les plonge l'instabilité des règlements. Ce n'est pas rien que de faire une thèse. C'est un travail qui prend des années — des années pendant lesquelles on doit, en plus de son enseignement, dans les lettres du moins, accumuler une masse de lectures, en des langues que l'on possède mal, passer des heures en bibliothèque, amasser des fiches, dans un domaine austère. Et, depuis quelques années, ceux qui le font sont là, à ne plus seulement savoir si les thèses sont maintenues, si tout ce travail a une utilité pour eux, si ce qui est maintenu le sera encore demain, si ce qui est supprimé ne sera pas plus tard rétabli. Ils s'interrogent, travaillent moins bien, attendent : l'instabilité, jointe au mystère qui plane, entretenu par les on-dit et les fausses nouvelles, n'est favorable ni à la qualité de la recherche ni à la confiance de ces jeunes. Et je crois que même ces jeunes ne voient pas toujours sans amertume l'égalitarisme actuel mettre ainsi sur le même plan ceux qui ont travaillé et les autres.

Tout cela n'a qu'un inconvénient, mais décisif : c'est de détourner les gens de l'enseignement, et de geler le zèle de ceux qui y sont.

Mais ces diverses misères comptent peu au regard de ce qui frappe les professeurs du plus haut niveau. Car, en vertu d'un paradoxe auquel l'époque présente nous habitue et que l'on a déjà observé dans le cas du jeune normalien, ceux vers qui les autres regardent avec envie sont ceux dont le pouvoir s'emploie, comme en manière de punition, à aliéner la bonne volonté. En plus des autres vexations qu'ils ont à subir avec tous, ils voient de surcroît leur statut, non pas s'améliorer, mais se réduire et s'abaisser.

Les professeurs d'université ont beaucoup travaillé pour arriver où ils en sont. Ils ont beaucoup appris au cours de ce travail. Et voilà que l'on ne veut reconnaître ni ce travail ni cet acquis, tout au contraire. Sous prétexte d'égalité, on leur accorde moins qu'aux autres. Pour l'instant — mais je dis bien « pour l'instant », car le monde universitaire est devenu si fluctuant que l'on ne tient plus rien pour stable, ce qui est, pour le moins, lassant — pour l'instant, donc, le « corps unique » où devaient se mêler tous les enseignants, de toutes les catégories, qualifiés ou non, expérimentés ou non, semble avoir été évité de justesse. Mais — pour l'instant, toujours — la réforme en cours a retenu ce qui s'en approche le plus. Les universités seront gérées par des conseils dont les membres seraient élus par un collège unique ; et, comme il y a beaucoup plus de jeunes assistants ou maîtres-assistants que de professeurs, il est clair que le système donne à ces derniers la part la plus faible ; ils auront, si cela se fait, moins de responsabilité que les jeunes dans l'organisation des enseignements et la vie des universités. Mais déjà leur traitement, en atteignant, pour les plus âgés, le degré où ne s'appliquent plus les augmentations, se trouve de ce fait diminué. Et leurs obligations, en revanche, sont accrues. Ces deux dernières mesures ne sont même pas l'effet de la loi, qui n'est pas encore en vigueur, mais de simples décrets, déjà appliqués. Que diraient les autres catégories de travailleurs, si, d'un simple trait de plume, on abaissait leur salaire et augmentait leur temps de travail ? C'est à l'honneur des professeurs d'université que l'on puisse dire seulement qu'ils ne sont pas heureux.

Et comment protester ? Le grand public ne s'indignera certes pas si on lui dit que les professeurs d'université, qui ont de longs mois de vacances, devront désormais enseigner cinq heures par semaine au lieu de trois. C'est que le public ne sait rien de la vie d'un professeur d'université ; même les administrateurs, même les assistants ne savent pas très bien ce qu'elle est. C'est pourquoi je veux ici le dire, ou le suggérer.

J'ai connu tous les degrés de l'échelle universitaire. Eh bien, je n'ai pas cessé un instant de voir mon travail augmenter, dévorer de plus en plus l'ensemble de ma vie, jusqu'à ce que je vive dans une sorte d'anxiété épuisante à l'idée de ne pouvoir y faire face, même en ne faisant plus rien d'autre.

D'abord, figurez-vous, un cours, cela se prépare ! Mais cela se prépare de façon fort différente selon le niveau des auditeurs et selon la responsabilité scientifique dont on est revêtu. Une heure ou deux peuvent suffire pour un cours dans un lycée ou à des débutants d'université : on met en ordre ce que l'on sait, on ravive quelques souvenirs, on choisit quelques textes... et vogue la galère ! Un vrai cours d'université, l'explication d'un auteur ou, plus encore, l'exposé d'ensemble d'une question est une autre affaire. Si le cours doit valoir quelque chose, il faut avoir tout lu et contrôlé ; il faut avoir consulté de multiples éditions et documents, souvent difficiles à trouver, avoir construit une synthèse, essayé des idées qui parfois ne mènent à rien, réuni patiemment les preuves. Un tel cours exige au moins une journée entière pour une heure d'enseignement. Au Collège de France, où nous ne faisons que peu de cours, je dirai sans hésiter que chaque heure représente au moins une semaine de travail — sans parler, naturellement, de l'expérience accumulée au cours des années : en lettres au moins, elle est indispensable.

Commence-t-on à comprendre ? Sans même parler des corrections d'exercices, qui occupent des journées entières, et sont d'autant plus longues et délicates qu'il s'agit de niveaux plus élevés, commence-t-on à voir ce qu'est le travail d'un professeur d'université ? Les heures de cours comptent bien peu. Je pourrais sans peine, quant à moi, enseigner huit heures par jour. Mais chaque augmentation d'heures à fournir implique une réduction équivalente de la qualité du cours. Les cours seront moins préparés, moins personnels, moins corrects scientifiquement. Il n'en sortira plus ni un livre, ni une édition, ni même un article. À des étudiants tombés au niveau secondaire, l'on va donc donner ainsi des enseignants secondarisés. C'est déjà désastreux en soi. C'est désastreux pour la recherche. Mais, pour le propos qui est le mien ici, pense-t-on que ce soit tonique pour l'ardeur des professeurs ? Ce corps, zélé entre tous, va à son tour se remplir de tire-au-flanc ; et, dans ce domaine où nul contrôle n'est possible, ceux qui ne tricheront pas sur les heures tricheront sur la qualité. Ils y sont forcés.

On me dira que, dans d'autres pays, des professeurs de renom ont assuré des services de ce genre. D'abord la situation de l'enseignement français n'est pas telle que l'on doive chercher à imiter les régimes les moins propres à l'améliorer. Mais surtout, gare ! En parlant de la préparation des cours, je n'ai évoqué qu'une très petite partie du service d'un professeur d'université.

Il y a d'abord les examens, qui occupent, à plein temps, au moins trois semaines avant les vacances et trois semaines après — ce qui diminue d'autant le sens des fameuses vacances si remarquées par ceux qui ne savent pas. Et quel tollé — justifié — s'il y paraissait la moindre négligence ! Mais quelle hâte, pour achever dans les délais cette charge qui réclame une attention si constante !

Il y a aussi quantité d'obligations administratives : conseils, réunions, assemblées, conseils nationaux, jurys... Il y en a sans doute plus que dans aucun pays du monde, parce que la France a un système d'enseignement national et unique, où tout interfère avec tout. Naturellement, la plupart de ces réunions impliquent un consentement ; et les plus jeunes accepteraient fort bien d'y remplacer entièrement leurs aînés. Mais que diriez-vous d'un professeur qui a, pendant dix ou trente ans, formé des élèves, lu des thèses, exploré un certain domaine de la recherche, s'il renonçait à s'intéresser au sort de ces élèves, à l'impression de ces thèses, au développement de la recherche en ce domaine qu'il connaît mieux que d'autres ? Vous le traiteriez, ici encore, de tire-au-flanc, et à juste titre. De plus vous lui rappelleriez qu'en laissant ces responsabilités à d'autres qui n'ont ni la même expérience ni les mêmes connaissances il porte atteinte à la qualité de la recherche et de l'enseignement. Et vous auriez raison.

Le voilà donc chargé de ces commissions et de ces

assemblées, qu'il le veuille ou non. Le voilà obligé de prendre le train quand il doit siéger dans des commissions en province, ou l'inverse. Le voilà donnant des journées entières que l'on ne compte pas.

Mais, passons : à l'extrême rigueur il pourrait refuser (du moins chacun le pourrait : tous ne le pourraient pas, sans quoi la machine ne tournerait plus) ; il reste qu'il ne peut pas refuser la direction de travaux.

La direction de travaux représente une bonne moitié du temps de travail d'un professeur d'université, du moins en lettres.

Je ne sais trop comment donner mes exemples, puisque les noms des différents diplômes changent tous les deux ou trois ans, et que peut-être ils changeront encore entre le temps où j'écris et celui où l'on me lira — à supposer que l'on me lise. Je parlerai en fonction de mon expérience personnelle, quand j'étais professeur à la Sorbonne, il y a dix ans.

On dirigeait d'abord des mémoires de diplôme (ou maîtrises) : un travail d'un an, qu'aborde un étudiant n'ayant jamais pratiqué la recherche. Il faut d'abord lui choisir un sujet. Cela représente des heures de lectures et de réflexion, pour repérer des sujets propres à être traités en un an, qui débouchent sur quelque chose et n'aient pas été traités, soit dans quelque mémoire antérieur, soit dans telle dissertation inaugurale à l'étranger. Il faut aussi s'assurer que la bibliographie peut être maîtrisée par quelqu'un qui domine mal, selon les cas, ou l'anglais ou l'allemand. Cela fait beaucoup de temps. On prépare, d'une année sur l'autre, des sujets possibles. Et puis on les offre aux candidats qui viennent vous trouver ; on leur explique l'intérêt et les difficultés de chacun. Le candidat hésite, promet de faire quelques lectures et de revenir vous voir. Cela fait au moins trois visites de près d'une heure avant que rien ne commence. Mais, les sujets une fois retenus, on va avoir ces candidats sur les bras toute une année (dans la meilleure hypothèse) : ils reviendront vous voir, avec leurs problèmes, leurs plans, leurs incertitudes, au moins trois ou quatre fois dans l'année, parfois plus ; et ils réclameront un effort d'adaptation, de patience et de fermeté, considérable. Après quoi, il faudra lire leur mémoire, avec attention. Il s'agit d'une centaine de pages. Qu'est-ce que cela, direz-vous ? N'empêche que cela ne peut être fait en moins de six heures de travail soutenu. Faites l'addition : chacun de ces candidats représente au moins trente heures. Or j'avais, en moyenne, vingt de ces candidats par an. Certains en avaient moins, d'autres plus. Mais vingt candidats à trente heures font six cents heures de plus dans l'année.

Or les travaux qui suivent la licence ne sont pas, de loin, les plus lourds. Les thèses de troisième cycle et les thèses d'État sont une responsabilité bien pire. Je ne puis l'apprécier en heures, car cela dépend beaucoup des cas. Je laisserai donc de côté les rendez-vous interminables pour le choix d'un sujet, qui répètent en plus grave les charges du niveau inférieur. Mais rien que lire ! Lire d'année en année des essais fragmentaires, provisoires, se suivant mal ! Les lire la plume à la main en notant chaque maladresse, afin que le candidat puisse y remédier à l'avenir, puis le voir, et lui expliquer ces critiques ! Et lire encore, quand il arrive au terme, l'ensemble ! Combien d'heures prend une thèse de lettres à celui qui la dirige ? Cela se compterait par centaines. Or on dirige facilement une vingtaine de thèses en même temps. Certains professeurs de littérature française en dirigent plusieurs fois autant. De fait, je puis bien dire que, tous les étés, je m'arrange pour grouper les thèses à lire — un des rares travaux que l'on puisse faire dehors : ces fameuses vacances universitaires sont consacrées à lire des thèses pendant au moins six heures par jour.

Ce travail, d'ailleurs, n'est pas tout. On fait aussi partie du jury pour des thèses que l'on n'a pas dirigées. Il faut les lire — ce qui est parfois long —, vérifier quantité de faits, puis assister à la soutenance et y intervenir... Si l'on comptait toutes ces heures, qui relèvent de notre service, on s'apercevrait vite qu'apprécier notre travail en heures d'enseignement est un peu comme si l'on ramenait ce qu'une mère fait pour son enfant aux heures prises par l'accouchement.

Je sais bien que je parle là de Paris, et que les universités de province, avec des effectifs plus modestes, un personnel moins diversifié, et par suite beaucoup moins de thèses, sont aussi moins accablées de charges. Mais j'ai aussi été en province ; et ce n'était pas absolument une sinécure : mon inexpérience relative exigeait deux fois plus de temps pour chaque sujet, pour chaque conseil. Et j'avais souvent recours, après bien des doutes et des tergiversations, à l'aide de mes maîtres parisiens. Les professeurs moins entraînés, même avec tous les titres de leurs aînés, ont en plus à apprendre le métier ; et cela prend du temps.

Je ne me plains pas, d'ailleurs : j'explique. Et je voudrais bien éviter les réponses trop faciles, du genre : « déchargez-vous sur les assistants ! » ou encore « supprimez les thèses ».

Franchement, ce n'est pas sérieux. L'assistant (pardon ! le jeune maître de conférences) n'a pas encore fait de thèse. Il n'en a encore lu aucune (sinon par hasard, à propos d'un programme, et c'était alors une thèse achevée et ancienne). Il ne sait pas ce qui se fait à l'étranger. Il n'a pu s'initier aux bibliographies que depuis très peu d'années. Est-ce pensable de vouloir lui confier la responsabilité d'enseigner aux autres ce qu'il n'a pas encore pratiqué lui-même ? Oui, c'est pensable : tout, aujourd'hui, est pensable. Mais on peut imaginer la qualité de la recherche qui serait élaborée dans ces conditions et le tort qui serait ainsi porté aux futurs maîtres de demain.

Quant à supprimer les thèses, pourquoi pas, tant qu'on y est ? Cette idée, dans le domaine des lettres, me fait horreur, et j'y reviendrai ; mais d'autres idées m'ont fait frémir et sont devenues réalité. Cependant, même ainsi, même en supposant toutes les suppressions les plus folles, veut-on dire que l'on supprimera la recherche ? Même des thèses plus courtes, même des articles, même des mémoires exigent d'être guidés, critiqués, orientés. Le travail sera le même et la responsabilité identique.

On commence peut-être à voir et à comprendre ?

Et pourtant, n'ai-je pas oublié l'essentiel ? Après tout, même la réforme actuelle parle d' « enseignants-chercheurs », avec un beau trait d'union que j'apprécie ! Mais ce beau trait d'union veut dire que, pendant tout ce temps, et en plus de tout cela, le professeur se devra de poursuivre sa propre recherche, d'apporter sa contribution à la science, de publier. Et, à cette fin, il devra ou devrait passer des journées entières à dépouiller des articles, à lire des manuscrits et des documents anciens, ce qui l'oblige à des déplacements divers. Il devra aussi, s'il ne veut pas trahir les intérêts de sa discipline et ceux du progrès scientifique, participer à des rencontres, à des colloques, à des congrès, préparer les communications qu'il y fera, donner des conférences, répondre à des invitations de l'étranger, accueillir en retour des collègues du dehors... Quand fera-t-il tout cela ? Comment y arrivera-t-il ? Nous essayons, c'est tout ce que je puis dire. Mais, si l'on accroît encore telle ou telle de nos charges, ce ne pourra être qu'au détriment de telle autre : la qualité, ici encore, paiera les frais de l'opération.

Enfin, comme si ce n'était pas assez, sait-on bien qu'à tous les détours, l'État ne manque pas de gagner sur le temps des professeurs ? Sait-on qu'un professeur, nommé d'une université dans une autre, doit en général assumer pendant au moins un an les deux services à la fois, dans deux villes différentes ? Le procédé, instauré sous le régime précédent, est pratiquement, aujourd'hui, devenu la règle. Cela fait une économie, bien entendu : on paye une personne pour le travail de deux. Mais ce que l'on sacrifie, en l'occurrence, c'est encore notre temps, et, par suite, la qualité de notre enseignement.

Je sais au reste ce que certains m'objecteront : je décris là un état idéal, qui ne se rencontre plus guère : les professeurs d'université ne se donnent que rarement tant de mal. N'est-ce pas là tout juste ce que je tente de montrer ? Ils ne se donnent *plus* tant de mal ; ils s'en donnent et s'en donneront de moins en moins. Et ce sera tant pis pour leurs étudiants et pour les savants de demain.

Mon intention n'est d'ailleurs ni de nous donner pour des saints ni d'accorder trop d'importance aux petites mesures vexatoires augmentant nos charges. Ces mesures ont été l'occasion des explications que j'ai données ; mais en elles-mêmes elles comptent peu. Elles ne font que s'ajouter au reste et apporter une explication de plus à un marasme qui n'en a déjà que trop.

Les enseignants du secondaire cherchent la fuite vers le supérieur : les meilleurs, dans le supérieur, cherchent la fuite ailleurs, vers le Collège de France par exemple, ou encore à l'étranger.

Ils ne la trouvent pas tous. Et, dans ce cas, une sorte de démission intérieure les guette bien souvent. Depuis quelque temps déjà, le Collège de France se plaint de ne pas trouver de savants remarquables dans bien des disciplines littéraires ; et ce n'est nullement un hasard. Beaucoup étaient en passe de le devenir ; et puis, selon les cas, ils ont bifurqué vers d'autres activités, ou bien ils ont donné tout leur temps à faire marcher la maison en dépit des difficultés sans cesse renaissantes et ont ainsi perdu l'élan vers le savoir ; ou encore ils se sont détachés d'obligations qui les lassaient et ont accompli leur métier comme on fait son ménage, parce qu'il le faut. La couvée des futurs grands professeurs n'a pas éclos. Le titre tant convoité de professeur d'université ou de professeur à la Sorbonne s'est alors trop souvent appliqué à des enseignants médiocres, à des tâcherons.

Las, où est notre Sorbonne d'antan ? Les meilleurs sont parfois ailleurs ; ou bien on les a peu à peu usés et rabaissés.

Alors, nos jeunes maîtres de conférences ? Ils seront les rois, comme ils l'ont voulu. Mais de quel royaume ? et dans quelle atmosphère ? La qualité de l'enseignement est chose communicative. Du plus spécialisé au moins spécialisé, et réciproquement, il se fait un échange stimulant. Un professeur vraiment qualifié, par des remarques en passant, par des livres prêtés, par l'annonce d'une publication, améliore la recherche de tous ses collaborateurs, tout comme l'intérêt avec lequel il suit leurs travaux renouvelle son expérience et étend encore son information. Un professeur mal informé, morose, amer ne répand plus rien, ne reçoit plus rien.

C'est là que, précisément, il sied de parler d'équipes. Il reste dans le secondaire de bons lycées, où tout le monde sait que la discipline est respectée et le niveau honorable, des lycées où beaucoup voudraient pouvoir inscrire leurs enfants. Sans doute ces établissements comptent-ils dans leur personnel enseignant ou administratif quelques personnes ardentes et capables, qui prêchent d'exemple et font régner, par leur seule présence, une bonne atmosphère. Sans doute aussi bénéficient-ils de l'existence d'une tradition, à laquelle tout contribue, depuis l'aspect de locaux encore dignes de leur fonction jusqu'à la présence de professeurs plus anciens revêtus d'une autorité acquise. De même, il y a des sections d'université qui vont bien, qui sont saines, actives, brillantes. Mais ôtez, dans l'un et l'autre cas, les têtes de file, et vous verrez ! Il existe une contagion de la qualité.

Je souhaite que les jeunes gardent la notion de ce qu'ils doivent à leurs aînés et continuent en retour à leur communiquer de leur chaleur et de leur dynamisme. Mais ce ne sont point là choses qui se commandent. En revanche, les mesures officielles dépendent du gouvernement. Le respect des professeurs et du savoir devrait les inspirer : telle est la condition première pour la bonne marche de l'enseignement. Les mesures les plus graves et les plus fâcheuses le sont surtout par le fait qu'elles sapent ce respect et, avec lui, le zèle qui en découle. Les bonnes mesures sont à l'avance ruinées si elles ne s'accompagnent d'un changement d'attitude en ce domaine. Ce changement doit comporter la reconnaissance des compétences diverses au sein du corps enseignant, et une considération accrue envers ce corps dans son ensemble. Les deux dispositions, en effet, sont liées, et dans la logique et dans la pratique. Autrement, l'hémorragie, avec l'affaiblissement qu'elle entraîne, ne cessera pas de s'aggraver et videra l'enseignement de ses forces vives.

Mais cela même ne suffit pas. Les égards pour les personnes seraient artificiels et inopérants s'ils ne se fondaient sur une reconnaissance ouverte du rôle et de la dignité du corps enseignant en tant que tel.

Toutes les vexations qui privent peu à peu les enseignants de leur efficacité ne sont que les petites marques extérieures, et en apparence dépourvues de gravité, du mépris latent qui vise leur fonction, et qu'inspire un matérialisme, aujourd'hui souverain.

Je devrais peut-être dire une rencontre de matérialismes. La société de consommation est « à droite », et elle est matérialiste ; le marxisme est « à gauche », et il est matérialiste. Les hommes d'État successifs ne nous parlent, indéfiniment, que de ventes à l'étranger, de profits et de pertes. Et voici que maintenant l'État lui-même, chargé d'organiser la formation des jeunes, semble n'avoir à cœur que d'arbitrer des conflits d'intérêts et de régir une bureaucratie de fonctionnaires aigris.

Je sais bien que des règlements et des instructions ne suffiront pas à rendre leur place aux valeurs spirituelles : ils pourraient au moins, dans le domaine qui est entre tous celui de l'esprit, ne pas contribuer systématiquement à l'éteindre. Or c'est très exactement ce qui a lieu.

Le marasme actuel, accru par la confusion et aggravé par la réglementation, est devenu presque un coma. Et ce qui se prépare ne semble guère laisser espérer une prompte réanimation.

J'essaierai de le montrer. Mais, ayant ici mis en cause le niveau des études et sa chute, je crois d'abord nécessaire de m'expliquer un peu sur ce point. Pour juger du traitement, il faut être sûr des symptômes.

II

LE FLOT MONTANT DE L'IGNORANCE

« Un cordonnier, en faisant des souliers, ne saurait gâter un morceau de cuir qu'il n'en paie les pots cassés ; mais ici l'on peut gâter un homme sans qu'il en coûte rien. »

MOLIÈRE, *Le Médecin malgré lui*,
acte III, scène 1.

Tous les enseignants, de tous les niveaux, se plaignent de l'actuel niveau de leurs élèves ; et je viens d'y faire allusion. Mais la critique a besoin d'être précisée. Car, sous cette forme générale, elle est vague, contestable, et en tout cas impropre à suggérer des explications.

Un rapport récent publié par le service d'information du Ministère (rapport Prost, de décembre 1983) indique que ce niveau ne serait pas vraiment en baisse — sauf pour certains aspects (qui ne me semblent pas négligeables) comme « l'expression écrite » ou « la capacité de soutenir une opinion par des raisons nouées entre elles de façon cohérente » (p. 29 et 30). C'est déjà beaucoup. D'autre part ce rapport n'obtient cette impression relativement rassurante qu'en faisant entrer en ligne de compte le nombre des élèves instruits, qui vient ici compenser la qualité de l'instruction reçue.

En fait, rien n'est difficile à apprécier globalement comme un niveau.

Il y a d'abord une question de tête et de queue. Dans les concours de l'enseignement supérieur, tout le monde reconnaît que la tête reste au moins aussi bonne que par le passé. Seulement, elle est beaucoup plus réduite en nombre. Il s'agit d'une poignée de bons éléments, pour lesquels ont pu jouer l'influence du milieu familial ou des dons ainsi que le rôle des bons professeurs : Dieu merci, il y en a encore. Mais, après ces bons éléments, la chute s'accélère, et, tout en bas de l'échelle, une masse de plus en plus grande tombe si bas que les correcteurs, déroutés, regrettent en général de ne pouvoir noter au-dessous de zéro. C'est là le phénomène vraiment grave. Et s'il venait à s'accentuer, il est clair que la contagion, peu à peu, atteindrait progressivement jusqu'au plus haut niveau : associés dans les mêmes classes, ces élèves plus faibles obligeront l'enseignant à s'adapter de proche en proche à leur ignorance et à faire perdre leur chance aux autres.

Mais surtout, comment comparer, comment mesurer ce savoir ? Il est certain que les enfants savent aujourd'hui des choses que nous ne savions pas, et qui, dans bien des cas, n'existaient pas de notre temps. Ils ont un vocabulaire technique plus étendu, une expérience du monde concret plus riche. Mais s'ils ne savent ni raisonner, ni s'exprimer, ni critiquer cette information recueillie ici ou là, où sera le bénéfice ? Et que feront-ils de ces informations ? Comment mesurera-t-on la valeur relative attachée à ce que nous savions et qu'ils ignorent et à ce qu'ils connaissent et que nous ne connaissions pas ? Le mal que je voudrais dénoncer ne porte pas sur une somme de connaissances éparpillées : il porte sur un vice fondamental, qui rend caduques ces informations de fortune et explique l'espèce de paralysie intérieure entraînant ces tristes fins de listes dont je parlais à l'instant.

Ce mal est criant, patent, indéniable.

Il commence avec les connaissances les plus élémentaires — lire et écrire. Les rapports que j'ai pu voir nous apprennent qu'à l'arrivée en sixième, un enfant sur quatre ou sur cinq ne sait ni lire ni écrire. Beaucoup, semble-t-il, savent *un peu,* c'est-à-dire qu'ils ânonnent, avec peine, et à voix haute. Dans une classe de cinquième sur laquelle j'ai eu des renseignements, tel serait le cas pour l'ensemble des enfants, à l'exception de trois redoublants. Ne pas savoir lire et écrire, c'est être analphabète : voilà où nous en sommes tombés. Et des établissements ont, dans certaines régions, pris l'initiative d'organiser des cours de rattrapage.

On ne peut plus s'étonner, après cela, qu'il y ait en France, parmi les adultes, plus d'un million d'analphabètes. On a parlé de deux millions. Même en comptant dans ce nombre les immigrés, il est clair que cette carence extraordinaire ne concerne pas des cas d'exception seulement.

Ne pas savoir lire ou écrire à onze ou douze ans ! Comment espérer dans ces conditions de bonnes études dans les années qui suivront ? Et comment ne pas mettre en cause les principes pédagogiques en vigueur ?

Je n'emploie pas ce mot sans appréhension. Car je ne pense pas à la pédagogie constituée et officialisée, qui enseigne les procédés destinés à intéresser les enfants sans les lasser : je pense au rôle même de l'enseignement.

Longtemps entouré d'autorité, de règles, de notes

et de rites, il a soudain évolué vers plus de liberté. On a voulu laisser les enfants s'épanouir, inventer, se distraire, choisir. C'était sans doute un bon principe. Mais, partant de ce bon principe, on est vite tombé dans l'excès : la liberté risque toujours de conduire au laxisme.

Or, dans le cas des enfants, c'était là renier la fonction même de l'enseignement, qui est de développer, de fortifier et d'entraîner, grâce à l'effort, les moyens encore virtuels chez ceux que l'on veut former ou aider à se former. Si les enfants n'apprennent pas à rester assis en place et à fixer leur attention, ils n'apprendront évidemment pas à lire ni à écrire. On cherche à les distraire, à les laisser libres, à les faire jouer : ils se lasseront vite des distractions, et même de la liberté, et même du jeu, si leur attention n'a pas été entraînée. Et ils sortiront de là ignorants. C'est justement ce qui arrive.

Certains disent — je l'ai lu dans la presse — que le même fléau sévit aux États-Unis ; le nombre des analphabètes y serait considérable ; et l'on met ce mal en relation avec la suppression des examens et des contrôles, jugés opprimants.

Ne pas savoir lire, n'est-ce pas plus opprimant encore ? Ces enfants sont bien évidemment les victimes des expériences tentées sur eux. C'est pour eux, dans leur intérêt, dans l'intérêt des moins doués et des plus instables que l'on doit réclamer à tout prix le retour vers un peu plus d'ordre et de volonté. Un coureur cycliste, quand il s'entraîne, se force. Un pianiste, lorsqu'il travaille, se force. Et c'est ainsi que les jambes ou les doigts se font plus forts et plus agiles. Il est si facile d'obtenir qu'une classe se livre aux choses sérieuses comme à un jeu, que chacun y lutte d'attention, de curiosité, de savoir ! J'ai enseigné le grec, matière austère, à des enfants : même la grammaire et même la recherche du sens peuvent devenir le plus amusant des jeux — à condition que ce jeu ait des règles strictes, comme tous les jeux, qu'il ait des vainqueurs, comme tous les jeux, et ne soit pas trop facile.

Les enfants sont créatifs, peut-être ; mais ils sont aussi courageux, combatifs, curieux. Il est grand temps de renoncer à les laisser pieusement flotter dans l'ignorance et l'inattention. Par respect pour leur avenir, il faudrait rétablir la discipline. Par respect pour leur avenir, il faudrait leur apporter ce qu'ils ne peuvent ni inventer ni désirer apprendre, mais sans quoi ils ne pourront rien : les dates, la grammaire, les mots abstraits, les idées, les œuvres du passé. Il faut même les obliger à apprendre par cœur : heureux enfants, ils peuvent encore le faire ! Plus on les y entraînera, plus ils y parviendront aisément. Et peu à peu les mots, les dates, les vers, feront partie de leurs réflexes, de leurs ressources.

Réactionnaire ? Sans aucun doute ! On voit les inconvénients d'un excès puis d'un autre : il est grand temps que le pendule reparte en sens inverse.

Il en est d'autant plus temps que chacun sait le rôle que joue actuellement la télévision. Elle peut enseigner beaucoup. Mais elle engendre de façon indiscutable la passivité ; et elle crée l'habitude d'une attention non obligatoire, non active, et non continue, qui serait peu de mise au lycée. Celui-ci devrait donc apporter une compensation : utiliser les avantages de cette autre information, mais en corriger les inconvénients.

Cette réaction, que j'appelle de mes vœux, ne va pas, quoi qu'il en semble, à l'encontre de la fameuse créativité. J'ai vu, l'an passé à Clermont-Ferrand, une grande exposition sur la Grèce antique, dans laquelle chaque panneau, chaque dessin, chaque maquette, était l'œuvre d'une classe, d'un des établissements de l'Académie. Créatifs, certes, ces enfants l'avaient été et ils avaient tout lieu d'être fiers de leur œuvre. Mais ils s'étaient renseignés, ils avaient appris, compulsé des livres, recouru à la chronologie, vérifié les orthographes de ces noms grecs souvent difficiles, étudié et tracé des cartes... C'était là une réussite ! On assistait au double mariage de l'initiative avec l'étude la plus sérieuse, et de la réalisation artisanale avec une connaissance théorique approfondie.

Mais, avant d'en venir là, qu'on leur apprenne à lire ! Certains peuvent inventer la lecture tout seuls ; mais, quel que soit le génie créatif de cet âge, les faits que j'ai cités font que je ne m'y fierais pas trop.

Si, de ces débuts et de cette première initiation, on passe à l'enseignement secondaire, on retrouve les mêmes retards ; mais leurs causes ne sont plus exactement les mêmes. Il est vrai que, dans une large mesure, ils proviennent eux-mêmes des retards antérieurs, dus à ce laisser-aller. Il est vrai aussi que celui-ci continue à poursuivre ses effets. Mais il s'y joint dorénavant d'autres facteurs, mettant en cause les méthodes mêmes que l'on a, dans certains cas, adoptées afin de renouveler le vieil enseignement. Il y a d'ailleurs parenté entre les deux cas, puisqu'il s'agit toujours d'un zèle expérimentateur dont l'imprudence a porté les fruits que l'on pouvait craindre.

Le cas de l'histoire offre un premier exemple bien connu.

On enseignait jadis une histoire dite événementielle, où les dates jouaient un grand rôle. Cela faisait un enseignement parfois aride, où la mémoire entrait en ligne de compte et d'où la vie concrète était souvent absente. Une nouvelle école d'historiens a, de la façon la plus heureuse, réagi, et avec force, essayant de restituer une certaine réalité, sociale et quotidienne, à côté des grands événements, souvent militaires, qui en masquaient l'importance. C'était là un progrès indiscutable et une voie enrichissante.

Très bien ! Mais là-dessus les historiens, grisés par ces perspectives nouvelles, ont voulu conformer l'enseignement scolaire à ces perspectives nouvelles. Et voici que l'on s'aperçoit que rien ne va plus. Car les savants, en ouvrant ces voies à la connaissance, supposaient malgré tout connus un certain nombre de grands cadres. Et nul ne s'est avisé que le rôle de l'enseignement secondaire était précisément de les communiquer aux enfants.

Actuellement, les enfants sauront beaucoup de choses sur la nourriture ou le mariage sous Louis XIV ou au Moyen Age ; mais ils ne savent pas quand vivait Louis XIV ni ce que c'est que le Moyen Age. Autant dire que leurs connaissances concrètes n'auront aucune espèce de sens ni de valeur. Qui plus est, leurs connaissances littéraires deviendront également caduques. Avec la disparition du cadre chronologique, aucune connaissance ne s'accroche plus à rien.

On en a parlé dans la presse. On s'est inquiété de

voir qu'entre Louis XIV, Napoléon, la Révolution française, aucun ordre ne s'instituait plus. Les plus hautes autorités de l'État ont dénoncé ce mal. Mais, malgré ces réactions, personne ne semble avoir mesuré jusqu'où va cette ignorance, ni l'effet qu'elle exerce bien au-delà de l'histoire proprement dite.

Quand, dans une copie de Lettres supérieures, donc d'une classe de bacheliers, on lit que « le décor Régence prouve tout de suite que l'action se passe au Moyen Age », on croit d'abord à une bévue, à une étourderie : mais si personne n'a appris aux jeunes les dates du Moyen Age et de la Régence (quelle régence ? Se le sont-ils seulement demandé ?), pourquoi l'absurdité ne sortirait-elle pas de la pure et simple ignorance ? Dans une autre classe, une copie déclare bien que « le cinéma est né au XIVe siècle, par le Français Jean Lumière » ! Pourquoi pas, quand les siècles se télescopent, quand ils ne forment plus une suite cohérente, jalonnée de repères ? Tel autre élève a, paraît-il, été surpris d'apprendre que Voltaire était mort. Aussi bien ne faut-il pas oublier que le cinéma et la télévision nous présentent quotidiennement des événements passés sous leur forme restituée et vivante. Cela est heureux, ou du moins cela le serait si, ailleurs, on fournissait aux enfants les cadres où situer ces reconstitutions. Peut-être le gamin qui ignorait que Voltaire était mort, l'avait-il vu peu auparavant sur une chaîne de télévision, entre Mauroy et Chirac... Et cette classe de quatrième, gentille et zélée, qui demandait cette année à son professeur de latin ou de grec si ces langues étaient déjà des langues mortes quand elle-même avait fait ses études, n'est-ce pas simplement une classe pour qui le temps et la durée n'existent pas ?

On me dira que je prends des exemples limites, et c'est bien vrai. Mais ces exemples sont réels et je pourrais en allonger la liste presque indéfiniment. Au reste, je ne suis pas seule à signaler le mal. Le dernier rapport établi à la demande du Ministre sur l'enseignement de l'histoire et de la géographie, et publié en 1983 par le service d'information du Ministère, nous révèle ainsi qu'en seconde il se trouve 43,5 % des élèves pour placer Voltaire sous Louis XIV, 43,1 % pour placer Mozart sous le second Empire, et 13,9 % pour y placer Picasso. Ce sont des minorités, c'est vrai ; mais, dans les deux premiers cas, les chiffres sont assez élevés pour traduire une défaillance générale ; et le seul fait que de telles erreurs soient possibles constitue un symptôme qui ne trompe pas.

Et puis l'ignorance, dont certains pourraient peut-être se consoler, se prolonge automatiquement en incompréhension dans tous les domaines : ce n'est pas un hasard si les Grecs avaient un même mot *amathia* pour désigner l'ignorance et la sottise. Que comprendra en effet un enfant privé de ces repères à la beauté d'une œuvre littéraire ou artistique ? Allez donc lui expliquer Racine comme si c'était une production du XIXe siècle et vous verrez ce qu'il en restera ! Ou allez lui expliquer Voltaire et Rousseau, ou Beaumarchais, sans tenir compte du fait qu'ils se placent avant la Révolution ! Ou attendez donc qu'il soit ému par les restes de Rome, si l'histoire n'est pas là ! Même le sens du progrès humain s'effacera, se noiera, dans un monde inconsistant...

À la limite, il se pourrait que le sens même du

temps devienne flou et imprécis. Tel professeur d'une classe de cinquième dans la région parisienne se plaignait récemment que, dans un récit, ses élèves aient tendance à confondre toujours les temps, mêlant le présent, le futur et le passé au point d'être inintelligibles. La fameuse « expression écrite » trahit ici le désordre intérieur que suscite l'ignorance.

Si l'on n'avait pas, par prétention, confondu les recherches récentes avec les connaissances de base, on n'en serait pas là. Le mal ainsi suscité s'étend bientôt aux autres disciplines et brouille les idées, de façon, pour les enfants, presque irrémédiable.

Mais déjà cette considération de l'histoire confine, on vient de le voir, à l'expression écrite, commandée par la grammaire. Or nous découvrons en cet autre domaine un mal de même nature. Les élèves de cinquième, quatrième et troisième ne savent plus analyser une phrase, c'est-à-dire reconnaître ce que nous appelions naguère le sujet, le verbe, les compléments directs et indirects, ou les propositions relatives, causales et circonstancielles. Cela veut dire qu'ils ne comprennent plus la phrase et que, s'il s'agit de passer à une autre langue, dont les moyens d'expression sont différents — comme l'allemand, ou, pour ceux qui en font encore, le latin —, ils sont complètement désemparés. Et ce n'est pas leur faute. Car, là aussi, on a voulu aligner l'enseignement secondaire sur les méthodes nouvelles, et encore contestées, de la linguistique. Et le résultat est, par le biais de la prétention, un inextricable gâchis.

Tel dictionnaire de la linguistique se plaignait déjà, il y a une dizaine d'années, de l'incertitude des termes employés, dont certains ne sont dus qu'à des traductions improvisées de termes étrangers, comme « structurel » et « structural », « receveur » et « récepteur », etc. ; déjà alors, on réclamait de n'employer dans l'enseignement que des termes sur lesquels les savants fussent tous d'accord. Ce conseil n'a pas été suivi. Quiconque ouvre, à cinquante ans, un livre de grammaire, en a le souffle coupé. Il découvre alors que l'analyse procède par groupes, comme si tous les mots n'en faisaient qu'un (je vois « le-chapeau-de-ma-mère-posé-sur-l'armoire ») : le collectivisme s'empare même de la grammaire, ou plutôt de l'analyse grammaticale !... Ces groupes à leur tour s'organisent en arbres ramifiés, qui effraieraient les plus rompus à la réflexion : on y distingue un « groupe nominal 1 », un verbe, des groupes nominaux 2 et 3, ce qui permet les abréviations habituelles à notre temps : on parle de G.N.², de G.N.³. Trop heureux quand l'auteur a la gentillesse de noter entre parenthèse que ce G.N.³ est un « c.o. secondaire » (c'est-à-dire un complément d'attribution). Il se trouve en effet que les appellations ont changé, et que, par exemple, il peut très bien arriver à l'ancien « sujet » de s'appeler (eh oui !) un « complément de rang zéro » !... Peut-être a-t-on là le reflet d'une théorie fort utile en linguistique. Mais il y a quand même de quoi ouvrir des yeux ronds ! De même le « prédicat » remplace à l'occasion notre vieux « verbe » ; le complément d'attribution (je donne quelque chose « à mon frère ») est devenu un « objet second » ; l'attribut se confond avec le complément d'objet (mon père est *médecin*). Si bien que ce vocabulaire, qui ne peut qu'effrayer des jeunes, a aussi pour effet de leur masquer les vraies valeurs, et de les amener, s'ils traduisent, à faire des fautes de cas. Mieux encore, on trouve, pour désigner des propositions, des formules comme « la que P » ou « la qui P » (ce qui représente, avec la simplicité habituelle, les propositions commençant par « qui » ou « que ») ; mais la « que P » sera-t-elle complétive ou relative ? on ne le sait pas ; et la dénomination commune n'attire pas l'attention sur la différence, pourtant grammaticalement essentielle. Et nos compléments circonstanciels ! Les voici ramenés, eux aussi, à des « objets seconds », confondus les uns avec les autres, sous un titre global qui ne permet pas l'analyse, ou au moins n'y invite pas.

D'ailleurs la structure simple d'une proposition devient une sorte de champ de forces, et je découvre dans un manuel pour la classe de sixième que le G.N. est sujet à l'expansion (quand on ajoute, par exemple, un adjectif), à l'effacement (quand, au lieu de dire « il faut avancer », on dit « avançons »), voire à « l'enchâssement », quand un verbe devient négatif... Je m'en suis étonnée d'abord ; j'ai vu bientôt dans d'autres manuels que cet « enchâssement » était courant et qu'il y avait même des éléments « enchâssants » et « enchâssés ».

Pauvres enfants, armés de crayons rouges, bleus et verts, ils essaieront de s'y reconnaître ; et certains, j'imagine, y parviendront plus aisément que moi. Mais tant que les termes seront aussi ambitieux et les divers éléments définis de façon aussi extérieure, je crains que la plupart n'éprouvent du mal ! Ils ne sauront plus parler : « Et voilà pourquoi votre fille est muette », pourrait-on dire avec Sganarelle, à la suite de tous les mots savants, français et latins, qu'il venait tout juste de forger...

Je pense, à la vérité, que l'effort pour renouveler les méthodes, en utilisant les jeux, les images, et même l'allure scientifique qu'aiment les jeunes, part d'intentions excellentes. Mais mêler à ce souci du concret un vocabulaire abstrait digne de la scolastique, et finir par dire à des élèves de cinquième (comme je l'ai lu dans un des meilleurs manuels) : « Cette ultériorité imminente peut être relative à un moment du passé » me semble décidément abusif... Est-ce au *Médecin malgré lui* que l'on pense, comme je le suggérais, ou bien aux *Femmes savantes ?* En tout cas, c'est à Molière...

Encore si ce vocabulaire correspondait au moins à une doctrine lucide, et tenue pour valable par tous, on s'en consolerait peut-être. Pour ma part, je ne m'en consolerais pas, car je trouve ce vocabulaire tout à la fois prétentieux et imprécis ; mais enfin j'admettrais : on a bien procédé de même pour les mathématiques et, si cela a compliqué les choses, si cela a réduit la part de la rigueur abstraite et celle de la géométrie, on peut penser que, pour relier le secondaire à la recherche et à ses applications pratiques, la mesure avait un sens : je rappellerai pourtant que, même là, on est un peu revenu sur l'ambition et l'obscurité des premiers manuels, et cette leçon pourrait être méditée. Mais ce dont nul ne saurait se consoler, c'est que, dans le domaine de la grammaire, il n'y a même pas accord. On a bien tenté, devant un mal si évident, d'arriver à une entente : on a édité, à l'usage des professeurs de français, une *Nomenclature grammaticale* (brochure 6082 de l'I.N.R.D.P.). Je doute fort qu'elle donne satisfaction à tous. Mais, de toute manière, elle ne vaut que pour le français. Et l'on verra le même enfant voué à une terminologie différente selon qu'il s'agit du cours de français, ou de celui de latin, ou de celui d'allemand. Et on le comprend : des langues dont la structure est autre ne se prêtent pas avec une égale facilité à ces réformes improvisées. Comment, alors, l'élève s'y retrouverait-il, et comment comprendrait-il ? Il n'y a pas non plus accord entre les divers enseignants : selon l'âge, ceux-ci adopteront une forme d'analyse ou bien une autre, un vocabulaire ou un autre ; ils varieront aussi selon les écoles auxquelles ils ont été formés.

Le résultat ? J'ai indiqué déjà que dans des classes de cinquième ou de quatrième les enfants ne savaient absolument pas la différence entre le participe « aimé » et l'infinitif « aimer ». De même, je connais des classes de troisième qui, interrogées sur les fonctions d'un adjectif, en énuméraient de multiples, sauf les seules que nous connaissions, mais qui sont passées de mode, l'épithète et l'attribut. Si ces enfants-là faisaient du grec, ils auraient une faute à chaque fois, puisque la place du mot varie selon cette division essentielle... Le sens aussi, bien sûr ! Mais s'occupe-t-on du sens ?

Et ce qui est vrai de l'analyse l'est aussi de la morphologie. L'une rejoint souvent l'autre. Et, une fois que l'on a accepté de laisser toutes les fonctions grammaticales dans le vague, en les coiffant de mots peu compéhensibles, une fois que l'on a laissé échapper l'effort de distinction et de compréhension lucide, comment le jeu des désinences et des accords serait-il autre qu'arbitraire ? Le pluriel et le singulier se mêlent au hasard, les formes se chevauchent. Non ! il ne s'agit pas de purisme ! Quand un bachelier signale qu'il faut qu'un rapport « soit remplisse » pour « rempli », est-ce purisme que de s'alarmer ? Quand un substantif fait son pluriel en -nt (les cathédralent), est-ce purisme que de gémir ? Oui, vraiment, si l'on dit que le niveau se maintient, on a raison de mettre à part l'expression écrite.

On a diffusé récemment un recueil de phrases recueillies dans des copies d'élèves de l'I.U.T. de Metz ; or les preuves sont là : pas un accord n'est fait ; les mots sont mal coupés, les verbes sans désinence de personne ; je renvoie à ce recueil : il révèle un fléchissement de la grammaire qui confine à l'incapacité totale de s'exprimer.

Certes, je cite, ici encore, des cas extrêmes. Mais qu'ils soient possibles, et dans toutes les classes, prouve assez que quelque chose ne va pas, et dans les méthodes, et dans les exigences à faire valoir pour le passage d'une classe dans l'autre.

Il est vrai que jadis on apprenait aussi le français par la lecture des textes : hélas ! trois fois hélas ! l'enseignement de la littérature est le troisième perdant...

Il est clair que les deux défaillances que j'ai signalées jouent ici leur rôle. On ne peut comprendre un texte littéraire si l'on ne se débrouille pas dans la construction des phrases, et l'on ne peut l'apprécier sans le situer dans une époque. Mais il faut ajouter à cela que d'autres causes interviennent, qui vont des plus simples aux plus profondes.

J'ai indiqué la difficulté que beaucoup d'enfants trouvent dans le seul fait de lire. Mais, une fois passé le stade des petits exercices simples, il faut aussi comprendre les mots que l'on lit. Or il semble qu'en quatrième les élèves, désormais capables de lire, achoppent sur les termes abstraits, qu'ils ne connaissent pas. Le résultat est, de toute évidence, que le sens des textes se dérobe. Je ne compte plus les récits dans lesquels il apparaît que la lecture d'une pièce classique comme *l'Avare* est un véritable décryptage (ceci, encore, en quatrième) ou que le spectacle d'une adaptation des *Troyennes* d'Euripide (par Sartre) laisse une classe de troisième absolument ahurie et incapable de reconstituer l'histoire ou le sujet de la pièce. Qui dira quels auteurs sont totalement inconnus des jeunes bacheliers les plus doués ? Ronsard ? Bossuet ? Vigny ? Tout le monde ne peut pas être Boris Vian, seul auteur connu, semble-t-il, de certains jeunes enseignants...

Cela suggère nettement un désintérêt. Car enfin, si le but poursuivi était de faire connaître et comprendre les textes, on y arriverait. Mais tel n'est pas le cas.

On le voit dans les matières qui ne concernent pas directement la littérature. Si je me reporte aux statistiques établies pour l'histoire, je constate que, pour une classe de seconde, dans cette matière, on obtient plus de 67 % de réponses justes s'il s'agit de la vie quotidienne, et moins de 42 % s'il s'agit d'art et de civilisation. Dans le domaine de la langue, les indices concordent. Pour ce qui est des manuels de langue française que j'ai pu compulser, les exemples ne sont à peu près jamais littéraires ; ils sont souvent constitués par des articles de journaux relatifs aux événements politiques du jour : pour chercher à reconnaître un verbe passif ou un complément, était-ce indispensable ? Et ce qui concerne les langues, il en va de même. C'est un fait que, dans l'enseignement de l'anglais, il est bel et bien interdit de recourir aux textes littéraires. Et en allemand, même, sait-on que tel manuel récent, destiné à remplacer ceux d'avant, ne comporte plus aujourd'hui *aucun* texte littéraire ? Plus d'écrivains, plus de notices biographiques permettant de les situer dans une époque, plus de possibilité de faire découvrir aux jeunes un style, le style ! Au lieu que la littérature pénètre les divers enseignements, elle s'efface un peu partout.

On me dira qu'il reste des manuels pour enseigner à lire les textes littéraires français. Et c'est vrai. Mais beaucoup de ceux que j'ai eus entre les mains ne m'ont guère rassurée, tant le désir d'être modernes pèse sur eux. D'abord, même là, les extraits de journaux et les textes publicitaires se mêlent encore à la littérature. Ensuite les écrits de toutes les époques sont confondus et présentés comme s'ils étaient nés côte à côte. Enfin la préférence est toujours donnée aux auteurs vivants. J'ai vu tel manuel de quatrième où Christine de Rivoyre et Christiane Rochefort étaient chacune aussi représentée que Molière, Simone de Beauvoir que Victor Hugo. Dans tel autre, Astérix figure entre *Germinal* et *Iphigénie*. Je n'ai rien contre ces auteurs de notre temps, bien entendu. Mais je me méfie de cette facilité accrocheuse ; et je me méfie du désordre chronologique. D'ailleurs les textes sont le plus souvent groupés par thèmes — en fonction, là encore, des thèmes les plus modernes, comme les rapports sociaux, la vitesse, la bande dessinée. Le but est évidemment le dossier, non l'œuvre. La littérature en tant que telle n'est plus nulle part à l'ordre du jour.

Il est possible qu'ici aussi la prétention et la mode y soient pour beaucoup. Car c'est un fait que les jeunes enseignants ont été formés aux sciences humaines, qui cherchent, très légitimement, à reconnaître dans les œuvres des témoignages sur les conditions sociales qu'elles traduisent ou qu'elles impliquent, sur ce qu'elles apportent d'informations, à propos, par exemple, de la condition des femmes, de la nourriture, du travail, ou des rites funéraires. Que ces œuvres soient en même temps littéraires, qu'elles puissent toucher, demeurer, élargir notre univers intérieur de tout un jeu de souvenirs et de symboles, de sentiments et d'espérances, peut, au niveau de la recherche, passer pour un présupposé. Je regrette que ce présupposé soit si souvent laissé dans l'ombre, que la merveille de la transposition artistique et de la création poétique, avec ses procédés et ses découvertes incessantes, soit aujourd'hui trop peu étudiée. Mais enfin on peut admettre que le domaine de la recherche accorde un privilège à la nouveauté. Ce qu'on ne peut admettre, c'est que ce souci de l'art, de l'expression, de l'affinement psychologique ou dramatique disparaisse du même coup de la formation des enfants : la littérature, comme telle, s'efface dans l'enseignement. Le fait est d'ailleurs officiellement reconnu : je renvoie au rapport Prost, déjà cité, et à ce qu'il dit aux pages 29 et 30.

Je ne sais si l'on mesure bien la catastrophe que cela implique. Quand nous lisons des mémoires de personnes de soixante ans, leur jeunesse est en général remplie et éclairée par la découverte des œuvres. Ces jours derniers encore, je lisais les mémoires de Zoé Oldenbourg, et je m'émerveillais de voir comment cette petite fille, émigrée de Russie, découvrait à douze ans la beauté de Racine : « Je connaissais par cœur la plupart des scènes importantes et pouvais me les redire mentalement. » Je me souviens moi-même d'une petite fille, mon élève, qui montait sur une chaise pour réciter du Cicéron, parce que la rondeur des phrases la portait. Je me souviens d'une classe de seconde qu'emportait la tendresse pour la Didon de Virgile, la colère contre Énée (c'était une classe de filles...). Je me souviens de la ferveur pour Antigone, et même de nos ferveurs de petites filles pour *le Lac* de Lamartine. Hélas ! Trois fois hélas ! Maintenant, à une soutenance de thèse sur Euripide, on découvre que l'*Andromaque* de Racine est inconnue du futur docteur ! Mesure-t-on ce dont on prive ainsi ceux à qui l'on n'ouvre plus ce trésor d'harmonies, de présences exaltantes, de créations plus belles que la vie qui les entoure ? Mesure-t-on ce qu'il en coûte de ne plus leur transmettre le modèle moral que représente tant d'idéal exprimé à travers des figures vivantes ? Il n'y a plus d'éducation religieuse. On n'ose plus parler de morale. On se détourne des textes où respirait encore la ferveur pour des valeurs humaines...

Dans tout cela, le zèle aveugle des jeunes enseignants, étourdis par les modes récentes, a une part de responsabilité réelle, que je n'ai pas cherché à minimiser.

Mais il ne la porte pas seul — tant s'en faut ! J'en connais beaucoup qui voudraient, de toutes leurs forces, remédier aux maux que j'ai dits. S'ils ne le peuvent pas, c'est à cause de l'esprit et des conditions qui règnent depuis quelque temps dans l'enseignement et s'y affirment de plus en plus nettement aujourd'hui.

En tout cas, on imagine assez combien les enfants ainsi formés auront de peine à suivre un enseignement supérieur. Tous n'iront pas jusque-là, bien entendu ; mais ceux qui y parviendront, retenus et retardés par les autres, seront en deçà de ce qu'il faudrait.

Ils le seront même tant que l'on en viendra — c'est le cas à présent — à modifier la nature de cet enseignement, pour le mettre à la portée de leur ignorance. Les fautes de français et les ignorances historiques se retrouvent chez nos candidats à la licence, à l'agrégation, au doctorat. Avouons-le : elles se retrouvent même chez ceux qui sont reçus... D'où le désir, maintenant, de transformer les cours les plus élevés en cours élémentaires.

On peut se demander, non sans inquiétude, comment enseigneront à leur tour certains de nos étudiants. Mais leur cas n'est pas encore le pire ! Ils ont quand même beaucoup appris en faculté, parmi des condisciples qui ont choisi cette voie et semblaient capables de la suivre. Or ce n'est pas le cas de tous ceux qui enseignent.

Beaucoup des enseignants du secondaire, peut-être la majorité, y ont été promus sans les titres prévus pour cela, avec la formation du primaire prolongée. Or, du point de vue du savoir, cela peut poser des problèmes.

On songe bien, semble-t-il, à réparer un peu le défaut des méthodes actuellement en vigueur, en particulier en histoire ; mais que fait-on pour la qualité du corps enseignant ? Où voit-on que l'on s'en soucie ? On voudrait l'abaisser exprès que l'on n'agirait pas autrement que l'on fait.

Tendez vos rouges tabliers : tout au cours de ce livre, il pleuvra en abondance des vérités premières ! Notre terre assoiffée en a grand besoin... La vérité première qu'ici je voudrais rappeler est qu'on n'enseigne bien que ce que l'on sait.

Il y a une bonne dizaine d'années que les responsables de l'enseignement, au Ministère, ont commencé à dire le contraire. Lorsque l'on a confié la « sensibilisation » puis l'initiation au latin à des enseignants qui n'en avaient jamais fait et que je m'en suis plainte, on m'a répondu qu'ils apprendraient avec leurs élèves. On a vu ce que cela donnait ! Les moins zélés ont simplement omis de faire ce qu'ils ne pouvaient pas faire. Les plus zélés se sont renseignés auprès de collègues plus informés : on ne saurait qu'approuver ce zèle, mais imagine-t-on ce que vaut un enseignement où un professeur non préparé pour son rôle court redire en classe ce qu'il vient d'apprendre dans la cour de récréation ou dans la salle des professeurs ? Il répète ce qu'il ne sait pas. Il ne pourrait pas répondre aux questions. Il déforme. Il se trompe. Et quantité d'histoires nous reviennent aux oreilles sur les erreurs grossières qui se colportent ainsi. Ce n'est pas la faute de ces enseignants ; c'est celle d'un système qui, à force de tenir compte des revendications syndicales ou sociales, confie à des gens des tâches qu'ils ne peuvent pas assumer dans des conditions convenables.

Cela se voit avec éclat dans le cas du latin, parce

que les catégories d'enseignants en question n'en ont pas fait *du tout.* Mais il faut bien comprendre que, toutes proportions gardées, le sort des autres disciplines est comparable. Sans doute un professeur d'histoire qui a peu poussé ses études peut-il se remémorer les faits dans un manuel et lire un ou deux livres ; sans doute le professeur de littérature qui a peu poussé ses études peut-il lire à l'avance les œuvres qu'il va expliquer. Mais il faut plus que de la naïveté pour imaginer que l'un et l'autre, même après cet effort, et même s'ils ne laissent pas échapper d'erreurs, enseigneront bien. L'art de dominer une question, de proposer des rapprochements, de se montrer choqué jusqu'à l'âme par des contre-vérités et de faire ainsi mesurer leur portée, l'art de répondre vite aux questions, avec cette certitude qui donne confiance, de remarquer la moindre faute, de mettre en place tout ce qui compte, de suggérer juste assez les perspectives qui donnent à une œuvre ou à un événement son prix, l'art de se mouvoir avec aisance dans ce que l'on enseigne, d'en faire naître l'amour, de montrer des exemples concrets et de faire pressentir des idées abstraites, non, cet art-là ne s'acquiert pas sans la grande familiarité avec la connaissance que seules peuvent donner des études suffisantes.

Je veux bien que l'expérience, dans certains cas, compense ces études. Je sais aussi que les bons professeurs de lycée enseignent mieux les bases du grec que ne le font nos jeunes chercheurs. Je me félicite donc de penser qu'une possibilité de promotion interne permet à ces gens expérimentés de passer à des degrés supérieurs, où ils seront tout à fait à leur place. Mais pas en masse ! Pas systématiquement !

Pas sans contrôle de leurs connaissances ! Et si un tel contrôle existe, pas sur des critères de faveur, établissant deux poids et deux mesures !

La montée des instituteurs dans le secondaire date du régime précédent. Actuellement, pour l'histoire et la géographie, il y a dans le secondaire environ une fois et demie autant de P.E.G.C. (professeurs d'enseignement général des collèges) que de professeurs ayant reçu une formation spécialisée. Parmi ces P.E.G.C., le rapport que j'ai cité précédemment admet que 25 % seulement ont reçu une formation spécifique convenable, 40 % s'étant formés « sur le tas » et 35 % n'ayant reçu aucune formation. Ces chiffres donnent à penser ! Certains ont dit, dès le début, que la réforme avait, d'instituteurs heureux, fait des professeurs malheureux : personnellement, je n'en sais rien ; je ne sais pas non plus quelle est parmi eux la proportion de ceux qui, formés ou non, enseignent bien : la qualité des résultats et la logique tout court m'interdisent d'être fort optimiste, c'est tout ce que je puis dire. Mais quand maintenant on vient nous expliquer qu'il faudrait à de tels maîtres une agrégation sur mesures, et tous les privilèges attachés au titre d'agrégé sans aucune des garanties correspondantes —, que dis-je ? avec des privilèges plus importants que ceux des autres puisqu'ils n'auront pas à subir la valse des déménagements et des postes lointains — je ne puis pas ne pas m'indigner du principe, et ne pas m'effrayer des conséquences. Ces enseignants qui doivent lutter pied à pied contre le flot montant de l'ignorance sont eux-mêmes voués à un savoir de plus en plus réduit : ils accompliront leur tâche moins bien ; et la marée montera, toujours plus...

Ceux qui se sont penchés sur ces questions en ont conscience. Le même rapport sur l'enseignement de l'histoire et de la géographie, déjà cité, a, lui aussi, tenu à rappeler que, pour tous les enseignants, une formation minimale serait nécessaire ; et il signale que beaucoup (il ne s'agit pas du latin) « sont contraints d'enseigner des matières jamais (ou presque jamais) étudiées » (p. 53).

Or où voit-on que l'on s'inquiète de cette formation du corps enseignant ? Ce qui était à l'origine l'exception tend au contraire à devenir la règle. Et peu à peu, comme toujours, la mauvaise monnaie chasse la bonne.

On envisage bien, dans certains cas, ce que l'on appelle la formation continue.

L'alibi pudique est que les maîtres ont besoin d'être tenus au courant des derniers résultats de la science qui évolue et se renouvelle : la vérité est que les bases sont trop fragiles et ont besoin d'être consolidées. C'est pour cela qu'il faut des stages à tout prix, soit dans les universités, soit dans des groupes d'établissements.

Peut-être eût-il mieux valu commencer par les études ; mais, la situation étant ce qu'elle est, mieux vaut tard que jamais. Dieu veuille donc que ces stages soient organisés, malgré la pénurie des moyens financiers, et surtout qu'ils portent sur des connaissances et non pas uniquement sur des jeux pédagogiques et sur la découverte des vidéo-cassettes ! Celles-ci sont utiles et précieuses ; mais elles ne peuvent remplacer la formation spécifique des maîtres. Et le fait même d'envisager, pour des gens qui enseignent, ce rattrapage éventuel prouve assez que l'orientation actuelle a tenu compte de tout plutôt que du savoir.

Du reste, les mesures officielles montrent clairement en quelle faible estime il est tenu. L'on entend parler, ces temps-ci, d'une réforme qui tendrait, dans les collèges, à « diminuer l'horaire hebdomadaire des cours et faire une place plus importante aux activités extérieures à l'enseignement » — ce qui signifie que l'on remplacera l'enseignement proprement dit par ce que l'on appelle les activités d'animation. De même on mange le temps des étudiants avec de la pédagogie à haute dose, au lieu de les laisser s'instruire. Et on oblige les enseignants, quels qu'ils soient, à des conseils, des débats et des réunions, qui semblent devenir une de leurs fonctions majeures, mais où le savoir n'a évidemment aucune part.

Pauvre savoir, toujours remis à plus tard, toujours plus mince, et que toujours on souhaite, ouvertement, amincir encore ! Les jeunes savaient peu et apprenaient peu : ils sauront moins encore.

Il faut reconnaître au surplus que le phénomène a une explication : il n'y a pas tant d'années que la population scolaire a pris une extension soudaine, faisant craquer les anciens cadres et substituant l'éducation de masse à l'enseignement bourgeois des années antérieures.

L'explication est aussi indéniable que le mal. Mais elle ne constitue en aucune façon une excuse ou une justification.

Il aurait fallu dépenser plus d'argent, développer

l'encadrement : on ne l'a pas fait. Mais à présent que l'on mesure les conséquences, va-t-on continuer ? Va-t-on brandir cet alibi, comme s'il était normal et admis qu'une éducation destinée à la masse ne peut être qu'inférieure, comme s'il était tolérable d'envoyer tous les enfants dans les mêmes classes, mais non pas pour apprendre ce que l'on y apprenait, avec les maîtres en rapport et les espoirs naguère permis ? Donner à tous un enseignement au rabais n'est pas une idée démocratique. Si c'est une idée égalitaire, elle l'est au mauvais sens du mot et porte détriment à tous. Encore maintenant, on devrait ne songer qu'aux remèdes, élever à tout prix la qualité des enseignants et des méthodes, encourager la progression — et ménager, surtout, les passerelles les plus nombreuses pour orienter chacun vers ce qui lui convient et vers ce qu'il peut faire. Or c'est le contraire que l'on fait : on nivelle de plus en plus ; et l'on descend la pente.

Au reste, même l'explication par l'éducation de masse ne peut être donnée seule et sans correctif. Car plusieurs des défauts que j'ai signalés ne lui sont pas imputables. Pourquoi a-t-on laissé se relâcher la discipline et le sens de l'effort précisément quand on accueillait une population scolaire plus nombreuse et moins préparée ? Les pédagogies du genre Montessori ne sont pas le fait d'une éducation de masse ; et la faute, que l'on continue à commettre, est d'avoir voulu combiner les deux. De même, les méthodes trop savantes que j'ai critiquées relèvent beaucoup plus de l'imprudence des intellectuels que de l'incapacité prétendue de cette nouvelle population scolaire. On peut tout juste dire, ici encore, qu'elles se prêtent particulièrement mal à un tel public et que la combinaison des deux facteurs est, ici encore, malencontreuse. Enfin, l'installation dans les grandes classes de professeurs parfois insuffisamment préparés à ce rôle peut sembler d'autant plus regrettable que l'on avait plus besoin d'eux pour les débutants.

Tout cela devrait être repris en main, de façon urgente, sous peine d'avoir accordé aux jeunes l'emballage du cadeau qu'est l'enseignement, sans le cadeau lui-même. Si l'on ne réagit pas, l'ignorance continuera de monter, noyant tout sous son flot, qu'on le veuille ou non.

Il n'est pas sûr que tous veuillent s'attacher à cette tâche : les gens se moquent volontiers des connaissances qu'ils ne possèdent pas. Et, en les répandant mal, on n'en a pas développé le goût, tant s'en faut.

Mais, si cet obscurantisme latent, et parfois agressif, existe chez certains, c'est là une raison de plus pour qu'un gouvernement et ceux qui le représentent tentent de résister et d'y remédier, enrayant tout ensemble le mal lui-même et les dispositions d'esprit qui y sont attachées et qui ne peuvent que l'accroître.

Or que fait-on, ou que s'apprête-t-on à faire ? On vient de voir le danger de certaines mesures ponctuelles. Mais celles-ci s'insèrent dans tout un ensemble de réformes générales actuellement en cours et inspirées du même esprit. C'est à elles qu'il est temps d'en venir.

On constatera alors qu'en présence de cette crise aiguë, qui atteint les connaissances des élèves et l'ardeur de leurs professeurs, on envisage de tout changer, mais non pas pour corriger les erreurs du présent : on semble plutôt chercher à en généraliser le principe, accroissant ainsi le marasme et précipitant la marée noire de l'ignorance. Alors que la qualité est en baisse, ces mesures livrent l'enseignement à un égalitarisme aveugle qui en sape le principe même. Elles font passer la politique avant les autres critères, sacrifiant ainsi des valeurs essentielles. Et elles privilégient les fins pratiques au détriment de la culture, même dans les études supérieures.

Elles peuvent avoir par ailleurs et d'autres défauts et d'autres qualités. Mais, quel que soit le reste, ces trois orientations, elles, risquent de tout perdre.

C'est pourquoi elles seront ici étudiées à tour de rôle, avant l'analyse des dangers particuliers qui concernent plus spécialement les lettres.

On trouvera que cela fait beaucoup de dangers : je le trouve aussi, et je le déplore.

III

L'ÉGALITARISME CONTRE L'ÉMULATION ET LA SÉLECTION

L'émulation et la sélection sont le ressort de l'enseignement. Elles sont indispensables. Et elles sont bonnes et fécondes.

On me pardonnera de soutenir une évidence, quand cette évidence est battue en brèche par l'égalitarisme actuel. Et on me pardonnera de le faire avec insistance, ou même avec passion, quand je vois se multiplier les mesures allant directement à l'encontre de ce principe, dont j'ai pu mesurer le prix dans l'expérience de toute une vie.

Cela commence très tôt. Je n'ai besoin d'aucun effort pour retrouver les souvenirs des classes que j'ai faites jadis. Ces souvenirs sont les mêmes pour nous tous. Je revois les mains des petites filles, levées, ou plutôt tendues, très fort, avec le bras gauche soutenant parfois le bras droit, et de petits gémissements accompagnant la requête d'être interrogées. Celles qui avaient travaillé, celles qui savaient, brûlaient d'être interrogées, de montrer leur savoir, d'être approuvées et distinguées. Elles étaient fières, tout juste un peu timides, heureuses.

Pourquoi donc avaient-elles travaillé ? Le sens de la

vertu, direz-vous ? Si vous le dites, je suis heureuse de constater qu'il y a plus naïf que moi. Ou bien le désir de briller ? Il est si naturel ! Tous les enfants sont heureux de réussir, tout farauds d'un compliment, d'un prix, et jadis même d'une médaille. Ils étaient aussi, hélas, jusqu'à cette année, tout heureux d'une mention au baccalauréat. Cela va avec les compliments des parents. Cela va aussi avec le désir naturel de gagner dans le jeu, quel qu'il soit, que l'on pratique. Aiment-ils perdre, nos sportifs ? Et le bon lecteur égalitaire, quand il lit son journal, aime-t-il lire que l'équipe française a été battue ?

Si c'était là pure vanité, on pourrait à la rigueur comprendre la réprobation qui s'attache à cette émulation. Mais tel n'est pas le cas. On n'est pas fier d'avoir gagné au loto. On est fier d'une réussite que l'on juge avoir méritée et, dans le cas de mes écolières, d'une réussite pour laquelle on a travaillé. L'émulation fait travailler : c'est son premier bienfait.

1. *Pour le travail.*

Étrange circonstance qui veut que sous le régime socialiste, sans cesse occupé à exalter les « travailleurs », il me revienne à moi de devoir faire l'éloge du travail ! Car c'est bien de cela qu'il s'agit. J'ai entendu ainsi rappeler à de jeunes lauréats du Concours général qu'ils devaient leur succès à la chance — celle des dons et celle de l'environnement. De telles formules sont déprimantes, et surtout très injustes. Certes il faut, là comme partout, des conditions premières, à commencer par la santé et par un milieu familial propice — c'est-à-dire qui ait, non pas de l'argent, mais le respect du travail. De même, il faut avoir la santé pour jouer au tennis, et des parents qui vous aient donné l'idée du jeu, et permis de commencer tôt. Pourtant, cela ne suffit pas. Et les petites écolières, je peux vous le dire, ne sauraient réussir qu'en travaillant.

C'est même cela la merveille, qu'en travaillant en vue de briller on s'améliore, on s'enrichit, on se transforme. C'est peut-être une leçon inutile et vouée à l'oubli que l'on apprend ce jour-là, en classe : mais apprendre compte. On entraîne sa mémoire comme on entraîne ses muscles. On tient son esprit en éveil et l'on devient plus rapide dans ses réflexes, comme au tennis. On apprend à dire les choses clairement, de mieux en mieux, comme on apprend à mieux nager. On repasse la leçon la veille, pour se rendre plus disponible, mieux prêt. Et l'on accumule des ressources, qui peut-être ne serviront jamais, comme un boxeur s'entraîne à des coups que peut-être il n'utilisera pas. C'est cela, apprendre. C'est cela, se former. Et c'est en encourageant le goût de briller que l'enseignement peut ainsi susciter cet effort actif, qui seul est rentable.

Je sais bien que tout le monde ne peut pas être premier et que certains même n'en ont pas envie. Mais le rôle de l'enseignement est de faire que le plus grand nombre possible d'enfants ait cette envie, et qu'elle vaille à tous les niveaux. On peut espérer simplement atteindre la moyenne, ou améliorer son score. Tout cela est profitable, et créateur. Et celui qui aura fait un tout petit effort, avec des dons minimes, pour se classer un peu moins mal, celui-là aura acquis un tout petit peu plus de mémoire, ou de rapidité, bref de qualités pour l'avenir.

Il semble absurde d'avoir à défendre de pareilles évidences ; mais le fait est qu'on y est contraint, si superflu que cela paraisse : des gouvernements successifs, en supprimant ou en atténuant les systèmes de notations et de compositions, puis, le dernier en date, en supprimant jusqu'aux mentions au baccalauréat, ont, indépendamment des autres inconvénients que comportent de telles mesures, prouvé avec éclat que ce ressort de l'éducation leur échappait du tout au tout. Bientôt toutes les formes de concours, de classements et, comme on dit, de sélection, ont été attaquées et souvent abolies. Et le mal s'est étendu à l'ensemble avec une telle ampleur que cette méconnaissance des principes peut difficilement être toujours tenue pour innocente.

Car j'ai parlé des enfants, mais leurs professeurs sont dans le même cas. Il est très facile d'être un mauvais professeur, ignorant, peu consciencieux, peu patient. En revanche, le désir d'un meilleur poste et d'un statut plus honorable a toujours poussé les enseignants à chercher à se distinguer. Déjà la préparation des concours, quel stimulant ! En dehors même du fait que le concours d'agrégation est la forme la plus équitable et la plus démocratique pour le recrutement de bons maîtres, que de choses ils apprennent, cette année-là, les futurs maîtres ! Beaucoup vivront, d'année en année, sur l'acquis de cet unique programme, étudié avec un zèle si exceptionnel, et ils en vivront de la même façon, qu'ils aient été reçus ou non. Car ce travail en vue du concours compte plus que le concours même. De plus, une fois en place, n'y avait-il pas l'espoir toujours vivace et tonique d'accéder à des postes plus honorables à la suite de rapports d'inspection générale ? Or nous avons vu ces temps derniers égaliser les diverses sources de recrutement, attaquer le système des concours, et amorcer la suppression de l'inspection. On ne veut pas vexer les mauvais professeurs. C'est là une aimable pensée ; mais on admet très bien qu'ils restent mauvais et l'on ne veut en rien les encourager à faire leur métier comme il faut. Les petites filles qui n'ont pas appris leur leçon ne lèvent pas la main : les professeurs qui n'aiment pas leur métier ne se font pas inspecter, et voilà tout ! Ils avanceront à l'ancienneté et imposeront la même condition aux autres : pourquoi se donneraient-ils du mal ?

Certes, ils pourraient s'en donner par ce naturel désir de bien faire, dont je célébrais tout à l'heure l'existence. Mais ce désir, n'ai-je pas dit aussi que l'éducation devait le stimuler et l'entretenir, de façon qu'il puisse subsister en nous toute une vie ? C'est la psychologie que l'on appelle par dérision celle du « bon élève ». C'est la mienne, encore aujourd'hui. J'ai maintenant soixante-dix ans ; mais je ne fais pas un cours sans espérer qu'il sera bien, et sera apprécié ; en somme, je souhaite toujours « être reçue ». Mais je l'avoue sans crainte du ridicule : car, sachez-le, je fais encore des progrès ; et c'est beaucoup au nom de ce petit sentiment qui me vient du temps où je suivais, en tablier, les cours de la classe enfantine...

C'est seulement ces derniers temps, à force de déceptions, que je commence à me dire que j'ai été bien bête, et que nul ne souhaitait ni cette ardeur de ma part, ni ce zèle à le transmettre. Ce sont là pour moi simples bouffées d'amertume : je ne puis plus devenir « mauvaise élève ». Mais beaucoup de professeurs le peuvent encore. Et ils y sont, vraiment, par trop encouragés.

Mais voici qu'entraînée par les aveux, je suis passée — c'est l'ordre de ma vie — de l'enfantine au Collège de France. Et c'est aller trop vite : je ne puis sauter les intermédiaires sans affaiblir ma cause ; je ne puis omettre de dire que le même esprit de compétition joue à tous les degrés, et chaque fois de façon différente.

Dans l'enseignement supérieur, les étudiants, c'est bien certain, ont pour principal objectif d'acquérir un métier. Mais s'ils l'acquièrent et si alors ils le font mal, l'État y perd, eux-mêmes y perdent, sans compter, dans le cas des enseignants, les multiples générations d'enfants qui passeront entre leurs mains. C'est bien pourquoi l'on avait multiplié les incitations au travail et au perfectionnement. Il y avait les réussites matériellement rentables, liées aux examens. Et il y avait aussi les réussites d'ordre moral, avec les mentions. Comme, depuis l'Antiquité la plus lointaine, on a toujours défendu les valeurs morales par le biais de l'utilité, on disait bien que les mentions comptaient, pouvaient plus tard vous valoir des avantages, en vous faisant remarquer. Mais la jeunesse n'est ni si retorse ni si crédule. On aimait réussir, pour soi. J'en prendrai pour exemple ce mémoire que l'on met un an à écrire, et qui constitue l'initiation à la recherche. Je ne crois pas que personne, l'ayant achevé et présenté dans des conditions décentes, y ait jamais été refusé ; dans mon domaine, en tout cas, je n'en ai point connu d'exemple. Mais la note ! Mais la mention ! Je rencontre encore parfois d'anciens étudiants, qui se rappellent la note obtenue il y a quinze ou vingt ans. Et dans ce long travail d'un an, qui vous oblige à lire quantité d'ouvrages arides, à serrer des idées de près, à rédiger pendant plusieurs semaines, comment expliquer les angoisses du candidat, l'émotion atterrée à voir le sujet déjà traité en quelque lointain pays, ou à découvrir tardivement une source d'information négligée ? Ces sentiments sont naturels : le candidat voudrait faire bien, faire mieux, faire très bien... Et de la sorte il apprend ce qu'est la recherche, il apprend la rigueur et l'abnégation qu'elle impose, l'impossibilité de se satisfaire, la patience de toujours reprendre. Pourquoi donc des étudiants veulent-ils si souvent emprunter un mémoire antérieur qui a été bien noté ? La recherche, cela s'apprend, comme le reste, parce que l'on désire réussir. Et apprendre la recherche, c'est aussi apprendre des qualités de lucidité et d'honnêteté qui serviront toute la vie, que l'on poursuive ou non une vie de savant. C'est grâce à elle, en tout cas, que les professeurs de nos lycées échappent le mieux à l'autoritarisme buté de qui connaît la pédagogie et quelques vérités transmises, mais n'a pas côtoyé de près les incertitudes et les pièges du savoir.

Encore, je parle de recherche à propos de mémoires, parce que c'est, en effet, le début. Mais la vraie recherche, celle qui consomme des années, et change un peu l'état de la science, se situe dans la même perspective. Sans doute est-elle animée et entretenue par une passion beaucoup plus rare, qui est celle de la vérité. Mais qui imagine une recherche où n'interviendrait à aucun degré l'esprit de compétition ? Il ne s'agit plus ici de prix ni de mentions ; mais le souci de ne pas déroger à la réputation que l'on s'est acquise, de faire mieux apprécier sa discipline, ses maîtres, son équipe, son laboratoire, de faire honneur à une école, ou bien à un pays, comment lui refuser toute valeur stimulante ? Ce n'est pas le sentiment qui anime les gens au départ, mais c'est celui qui fait vérifier des détails, chercher des arguments, et un peu aussi, avouons-le, apprécier les marques d'estime. De la petite fille qui lève le doigt au prix Nobel, le rapport des divers mobiles se modifie, mais la valeur tonique de la compétition ne change pas.

Après tout, n'est-ce pas elle qui s'est manifestée tout au long de notre histoire, depuis le temps du pithécanthrope jusqu'à celui de l'homme tout fier de s'en aller dans l'apesanteur interplanétaire ?

2. *La qualité.*

Cependant, avec le domaine de la vraie recherche, cette valeur stimulante passe au second plan, je l'ai dit : inversement, on découvre ici le second versant de cette utilité de la compétition. À côté de l'action psychologique qu'elle exerce sur les individus, et qui me paraît essentielle, on découvre l'action pratique qu'elle exerce dans la collectivité, et que tous, sauf le législateur, sentent aujourd'hui la nécessité de défendre, sans distinction de spécialité ni d'appartenance politique.

La collectivité a besoin de la qualité de ceux qu'elle

forme et qu'elle emploie. L'industrie en a besoin. La culture en a besoin. La recherche en a besoin. Le besoin est, pour tous, impérieux et prioritaire. On le reconnaît d'ailleurs publiquement, tout en agissant à l'inverse.

Depuis quelques années déjà, et de façon frénétique ces derniers mois, on s'est détourné de cette considération. On songeait surtout à organiser les débouchés, à faire régner l'égalité, à se pencher sur le problème que posent les échecs scolaires à tous les niveaux. J'ai entendu des voix officielles et qualifiées le dire : « C'est aux collés que nous pensons. »

Eh bien ! Il faut assurément penser aux collés, se demander pourquoi ils l'ont été, et s'ils étaient bien à leur place là où ils étaient : un enseignement bien organisé ne mène en effet pas à tant d'échecs. Mais les responsables de l'enseignement devraient penser aussi aux bons et aux reçus, qui sont la force vive de la France. Et surtout le souci des collés ne devrait pas amener le résultat aberrant de recevoir tout le monde, systématiquement, ce qui est une pensée hautement déraisonnable et incohérente.

Imaginez plutôt : il n'y a plus désormais de collés à l'examen de passage d'une classe dans l'autre (celui-ci est pratiquement supprimé). Il y aura peut-être encore quelque temps des collés au baccalauréat, ce n'est pas sûr ; en tout cas il n'y a déjà plus de distinction entre bacheliers. Très bien : on entre à l'université, et la tendance actuelle voudrait qu'après cela, tout soit dit : on sortira donc professeur, sans autre contrôle ni sélection ! Voilà tous les bacheliers de France en passe de devenir professeurs à la Sorbonne. Ce serait, bien sûr, un désastre ; mais le désastre n'est pas à craindre, car c'est d'abord une impossibilité. Supposons un instant qu'il y ait, seulement, un millier de professeurs dans l'enseignement supérieur : que fera-t-on des milliers d'autres postulants ? On les aiguillera vers d'autres voies, sans doute. Mais d'après quels critères ? S'il ne s'agit pas de sélection, il va s'agir très vite de syndicats et de politique. Et pourquoi, en tout cas, attendre le milieu des études supérieures pour procéder à une répartition sensée ? La sélection à l'université est légitimement impopulaire, car il s'agit de jeunes gens qui ont à gagner leur vie ; mais elle est le résultat inéluctable de l'absence de sélection dans les lycées et collèges.

Or elle est partout indispensable si l'on considère la qualité des résultats à obtenir.

Cela est évident pour l'enseignement supérieur et pour la recherche à laquelle il conduit. Comment espérer que celle-ci progressera, si, ni à l'entrée ni au cours des études, il ne s'opère de tri, si les meilleurs ne sont pas décelés de façon sûre par des contrôles divers, s'ils ne sont pas regroupés en un dernier peloton formé des plus aptes en ce domaine ? Comment aussi penser qu'il peut être bon pour la recherche de confier les enseignements les plus spécialisés à tous les enseignants indistinctement, sans tenir compte ni des différences d'expérience ni des différences de titres ? C'est là une tendance sur laquelle je reviendrai ; mais, pour l'instant, une première constatation s'impose : en supprimant les divers contrôles du supérieur et les distinctions entre enseignants, la loi nouvelle ne peut que placer la recherche française en état d'infériorité et l'empêcher de tenir sa place dans l'élaboration des connaissances en général.

Il faudrait au contraire organiser une compétition constante : ne prendre au départ, dans certaines universités tout au moins, que les étudiants capables de suivre avec profit les études, contrôler leur travail et leurs résultats, et ne laisser s'engager dans les voies les plus spécialisées que les plus aptes à y progresser.

C'est là une exigence impérieuse. C'est aussi le point sur lequel la loi sur l'enseignement supérieur, actuellement en cours d'adoption, pouvait susciter les plus graves critiques, et les a effectivement suscitées.

Mais je voudrais aussi rappeler que les mêmes principes sont également valables dans l'enseignement des lycées et collèges, où une autre sorte de qualité est menacée par le même égalitarisme.

J'ai évoqué la misère de ces classes, où il y a de tout : des analphabètes, des caractériels, des enfants d'immigrés non assimilés. Il faut, évidemment, les aider, les sauver. Mais le fera-t-on en imposant à tous de se mettre à leur niveau ? Répandre le mal n'est pas le soigner.

Un professeur ne peut pratiquement plus, aujourd'hui, renvoyer un élève qui n'est pas assez fort ni le contraindre à redoubler : à plus forte raison tout un groupe. D'autre part, s'il doit garder ces éléments, à qui s'adressera-t-il ? Tous les jeunes enseignants ont le même problème : « Si je m'occupe des plus mauvais, toute la classe perd son temps... »

Eh oui ! Il faut choisir. Ou bien laisser à l'abandon un groupe d'élèves, de plus en plus inadaptés, ou bien faire perdre leur temps aux autres. Le fameux niveau, dont j'ai déjà tenté d'expliquer la baisse par divers facteurs techniques, ne gagne rien à cet égalitarisme, qui précipite sa ruine. Et ce sont les Français de demain que lèse ce souci insistant des moins bons.

D'ailleurs est-ce là se soucier d'eux de la bonne manière ? Est-il vrai que ces enfants soient heureux dans des classes qu'ils ne sont pas normalement en état de suivre ? Est-il vrai que ce contact forcé avec ceux qui sont meilleurs qu'eux ne les braque pas davantage ? Est-il vrai que leur future vie professionnelle ne souffrira pas gravement de l'abaissement général du niveau français ? On peut ménager dans l'enseignement des ponts et des raccourcis pour ceux qui ne souffriraient que d'un développement tardif. On peut tout faire pour ne pas heurter les amours-propres. Mais sans la qualité des petites classes, puis des grandes classes, il est inutile de chercher ailleurs : on n'a plus la qualité nulle part.

Il faut donc admettre franchement qu'il y a lieu de veiller à cette qualité de façon prioritaire, et partout : à l'école et au lycée, chez les professeurs et les chercheurs. Il faut, à cause de cela, renoncer aux mesures qui (comme on le veut aujourd'hui) admettent de désigner des professeurs sans contrôle sérieux et de faire dépendre leurs carrières d'instances peu qualifiées. En le disant, je ne cherche pas à protéger, pour eux, le privilège des plus compétents : je pense aux futurs élèves et à leurs droits, que ces mesures entament de façon grave pour tous.

On le comprend parfois, dans le public, quand il s'agit des médecins. On n'est pas très favorable à l'idée d'avoir un médecin dont les aptitudes n'ont pas été vérifiées de près par des gens vraiment au courant. On est moins convaincu pour les autres professions. Il n'est pourtant pas de domaine où la qualité soit plus impérieusement requise que celui de l'éducation. Les hommes ne prétendent-ils pas aimer leurs enfants plus qu'eux-mêmes ?

Quand j'entends mettre à part les médecins, qui, eux, ont droit à la qualité — ils l'ont tout récemment marqué, à coup de grèves et de manifestations — il m'arrive de repenser au début du *Protagoras* de Platon, et à ce passage où un jeune homme arrive chez Socrate, tout exalté à l'idée de pouvoir se faire l'auditeur du grand maître de l'intelligentsia d'alors ; Socrate, alors, lui fait remarquer qu'il est bien imprudent : « Avant de confier ton corps à quelqu'un, s'il devait en résulter pour lui un grand risque de bien ou de mal, tu examinerais longuement le parti à prendre et tu demanderais conseil à tes amis, à tes proches, passant bien des jours à délibérer. Et quand il s'agit d'une chose plus précieuse à tes yeux que ton corps, quand il s'agit de ton âme, de laquelle dépend tout ton bonheur ou ton malheur, selon qu'elle sera bonne ou mauvaise, dans ce cas tu ne consultes ni ton père, ni ton frère, ni aucun de nous qui sommes tes amis... » Déjà au ve siècle avant J.-C., la qualité semblait essentielle chez les médecins ; mais, alors du moins, on savait aussi qu'elle ne l'était pas moins en matière d'enseignement et de formation générale.

Encore Socrate ne pense-t-il qu'à l'individu, et au choix personnel que fait, pour un temps, un jeune adulte curieux d'apprendre : or ce dont la dernière loi refuse de tenir compte est la qualité de la formation qui attend des milliers de jeunes, depuis leurs débuts jusqu'à leur entrée dans la vie professionnelle.

Peut-être cette remarque réclame-t-elle un mot d'explication. Car la loi nouvelle, ici mise en cause, vise en principe le seul enseignement supérieur. Et certains s'imaginent peut-être que c'est un domaine limité. Mais il est évident que les divers degrés de l'enseignement communiquent et qu'ils se conditionnent l'un l'autre. Si l'enseignement supérieur est en crise et semble à certains réclamer une réforme, ce n'est pas tant parce que ses institutions et ses règlements méritent la critique, c'est parce que son organisation n'était plus adaptée au grand nombre d'étudiants, à leur insuffisance, à leur mauvaise formation ; c'est à cause de cela que l'on a dû, d'abord, inventer des années intermédiaires, une « propédeutique », un « premier cycle », etc. Pour la même raison, on a dû multiplier les enseignements non magistraux, les travaux pratiques, les travaux dirigés, les groupes. Maintenant, on en vient aux « tuteurs ». Et les programmes suivent la même courbe. L'enseignement supérieur se modifie pour remplacer l'enseignement secondaire, dont la qualité n'est plus suffisante. Mais, inversement, comment pourrait-on oublier que la mission de l'enseignement supérieur est de former les maîtres de l'enseignement secondaire ? Dans la mesure où la qualité du supérieur doit nécessairement s'abaisser, la qualité du secondaire, déjà menacée par des problèmes divers, relatifs à la clientèle scolaire, est nécessairement compromise, dès le départ. Tout se tient.

De même le secondaire tend à se rapprocher du primaire, voire à se confondre avec lui. La différence entre collèges et lycées est pratiquement nulle. La classe de seconde elle-même est désormais indifférenciée. Les anciens élèves de l'E.N.S. sont aussi bien nommés dans des petits collèges que dans des lycées, je l'ai dit, et, inversement, les instituteurs ou anciens instituteurs ont peu à peu conquis une place prépondérante ; et leur avis est décisif, même lorsqu'il s'agit d'enseignement supérieur. Cela aurait été une bonne chose si ces instituteurs avaient conservé dans ces postes nouveaux les solides qualités de bon sens, d'esprit critique et de générosité qui caractérisaient jadis le primaire : cela ne semble pas avoir été toujours le cas. Et il se trouve que cette promotion s'est accompagnée de l'écrasement progressif du niveau et des méthodes, aux divers stades de la formation, désormais confondus. Je ne prétends nullement qu'il y ait là un rapport de cause à effet. Mais le même processus d'unification et d'égalisation a joué en ce qui concerne les personnes et les enseignements. Il a contribué à éliminer la spécificité de chacun, et du coup sa valeur propre.

Certains tenteront de dire (on le lit dans le rapport relatif aux lycées) que l'enseignement est devenu plus sélectif, car il y a plus de redoublants dans les classes menant à des diplômes désirés : on penserait plutôt, me semble-t-il, que le grand nombre des redoublants provient, précisément, de l'insuffisance de la sélection antérieure et des erreurs de l'orientation ! En fait, le désir d'éviter toute sélection est si vif aujourd'hui que l'on songerait à des systèmes compliqués, où les classes se diviseraient en groupes, homogènes et hétérogènes, tels que chacun, dans la même classe, travaillerait selon ses aptitudes... Pourquoi ne pas avouer la différence ? Pourquoi retarder les meilleurs ? Pourquoi les lasser et en même temps exaspérer les moins bons ?

Toutes les mesures égalitaires, en fait, vont à l'encontre de la qualité, pour l'ensemble du pays. La qualité de la licence retentit sur la qualité du licencié, sur celle de l'enseignement qu'il donnera, sur celle des élèves qu'il formera — c'est-à-dire sur celle de tous : le fonctionnaire, le marchand, l'architecte, l'ingénieur... Et même, oui, même le « travailleur », qui, je crois, travaillera mieux s'il a jadis appris quelque chose dans une classe bien faite.

C'est bien pourquoi l'on remarque que ceux qui viennent au secours des études littéraires et réclament que tout soit fait pour en préserver la qualité sont, le plus souvent, les industriels et les représentants des grandes entreprises. Ils nous disent — et cela nous touche — qu'ils ont besoin de gens sachant s'exprimer clairement et pourvus d'une certaine culture, et qu'ils sont étonnés d'en rencontrer si peu dans leurs services. Ce n'est pas, croyez-le bien, parce que ces qualités sont plus nécessaires dans l'industrie que dans l'enseignement ou l'administration : c'est un peu parce que le monde de la vie pratique exige l'efficacité et n'a pas l'emploi du verbiage ; mais c'est surtout parce que l'industrie demeure nécessairement compétitive. Il faut vendre et, pour cela, il faut faire mieux que les concurrents, du haut en bas, dans tous les domaines.

Mais si cela est vrai d'une entreprise...

Non ! je ne vais pas aller jusqu'à développer l'idée qu'un État a besoin de la qualité de ses citoyens. C'est trop évident. Personne ne le nierait. Et finalement ce n'est pas vraiment à ce principe que l'on s'en prend :

l'attitude actuellement adoptée part de sentiments différents, rarement formulés, et terriblement entachés de confusion.

On n'est pas contre la qualité, on est contre l'élitisme. Et cette haine est si violente qu'elle entraîne dans son sillage la ruine de la qualité de tous. C'est là le mal. C'est là la clef.

3. *Élites et élitisme.*

En fait, il est difficile d'imaginer une application plus absurde du principe d'égalité.

Le principe d'égalité est inscrit dans les droits de l'homme. Il s'oppose aux privilèges de la naissance, que ceux-ci s'attachent à la noblesse, ou à la race, ou à l'argent. Il exige que tout enfant ait droit à l'instruction et reçoive, au départ, les mêmes chances que les autres.

Je sais bien qu'il ne peut, dans aucun régime, être appliqué de façon stricte. Même si l'on abolissait le milieu familial et ses secours indirects, il resterait toujours que certains enfants sont aimables et donc aimés, que certains sont plus robustes et plus doués, d'autres lymphatiques ou arriérés. Dès la première leçon, l'inégalité se fera donc jour.

Mais enfin on peut se rapprocher autant que possible de l'idéal d'égalité. On peut veiller à ce que les meilleures conditions soient réunies. On peut se soucier de compenser les inégalités naturelles par une aide et une patience accrues. On aura entièrement raison de le faire.

Seulement, gare ! Cette égalité au départ, de toute façon, n'est pas faite pour durer, et ne doit pas durer.

Une famille, une entreprise ou un pays gagne à compter dans ses membres les gens les plus capables possible. Et il suffit d'avoir participé à n'importe quelle action commune pour savoir que, de surcroît, les meilleurs entraînent les moins bons. C'est bien ce qu'il y a d'alarmant dans les classes trop réduites ou les disciplines en état de semi-abandon, ou encore dans les petites universités, que l'on a eu tort de créer. Sans l'émulation, on végète ; la présence d'un « bon » rend les autres meilleurs. Et je n'ai jamais oublié cette phrase d'Alexandre de Humboldt, à propos de son séjour à Paris : « Je ne travaille bien que là où les autres, autour de moi, travaillent mieux. »

C'est d'ailleurs pour cela que les élèves veulent tous entrer, pour préparer un concours, dans les classes les plus réputées : la qualité des professeurs peut y être pour quelque chose, mais celle des concurrents joue tout autant.

Et puis, pour quitter un peu le milieu scolaire, n'est-il pas clair que tous les progrès et toutes les inventions se font en position de pointe ? Un savant, ou un inventeur, a, avant les autres, une idée ; un autre vient, qui juge que ce dernier ne l'a pas assez exploitée, puis un troisième, qui rectifie et qui complète. L'ordinateur n'est pas né sans que l'esprit de progrès s'en soit mêlé et l'émulation avec lui.

On peut dire, par conséquent, que l'idée d'une égalité constante et artificiellement entretenue est la plus follement conservatrice et immobiliste qui soit.

Comment a-t-elle donc pu naître ? Et comment a-t-elle pu séduire des gens de gauche, soucieux, en principe, de promotion et de brassage ? L'idée est tellement absurde qu'elle a, de toute évidence, des racines cachées.

Naturellement, je veux bien admettre qu'il y a la sollicitude : on s'intéresse aux mauvais élèves, comme on s'intéresse aux personnes les plus pauvres et les plus défavorisées... Le sentiment est bon, même s'il est, comme beaucoup de bons sentiments, dangereux.

Mais cela ne suffit pas. Car on pourrait s'intéresser à eux en les orientant autrement et sans sacrifier tous les autres. Il semble donc bien y avoir au fond de tout cela un postulat inavoué, et différent. J'en ai parfois senti l'existence dans des conversations privées, mais j'ai mis longtemps à admettre qu'il puisse avoir gagné ceux-là mêmes qui ont mission d'organiser l'enseignement.

Il consiste, en effet, à penser que l'enseignement ne sert à rien.

Ce n'est point là invention gratuite de ma part : des auteurs assez connus ont écrit contre l'utilité de l'école (ainsi Ivan Illich), et ont trouvé des partisans déclarés. Mais il reste pourtant curieux d'en trouver parmi ceux qui ont assumé la mission d'organiser et de gérer l'enseignement. Or une telle attitude me semble impliquée par le refus de la sélection.

Si l'on ne croit pas à l'émulation, c'est parce qu'on ne croit pas vraiment que le bon élève soit supérieur au mauvais. Sans doute, être bon élève n'est pas tout. Il y a de bons élèves qui ne font rien de très brillant dans leur vie. Il y a des cancres qui s'épanouissent sur le tard. Il y a de mauvais élèves qui sont devenus de grands poètes (pas tous, néanmoins !). Mais la question n'est pas là. Si l'on ne croit pas à l'émulation, c'est parce qu'on ne croit pas que là, tout de suite, la bonne copie soit meilleure que la mauvaise. C'est parce que l'on ne croit pas que ce que l'un écrit sur Racine soit plus vrai que ce qu'écrit l'autre. C'est parce que l'on ne croit pas vraiment que réussir un problème d'algèbre implique des qualités d'esprit et un effort d'attention qui seront également utiles dans les problèmes d'une entreprise ou d'une gestion publique. C'est parce que l'on ne croit pas qu'un français correct vaille mieux qu'un français incorrect, ni que l'orthographe ait un sens, ni que Platon ou bien Descartes puissent être utiles à connaître.

Dans ce cas, oui, adieu l'émulation ! Mais adieu aussi l'enseignement !

Et, ne croyant pas à l'utilité profonde de l'instruction, ne comprenant pas qu'à tous les niveaux elle forme les esprits, les caractères, les intelligences, les volontés, ces désabusés ne croient pas non plus aux examens. Ils s'imaginent que c'est une sorte de loterie. Dans une époque où un lapsus doit révéler tous les secrets d'un être, ils ne croient pas qu'un effort d'une heure pour s'exprimer et raisonner permette de juger les capacités d'une personne à s'exprimer ou à raisonner. Ils ne comprennent pas non plus que l'ardent désir de réussir ce jour-là à bien s'exprimer et à bien raisonner justifierait l'examen, quand bien même la part du hasard y serait plus grande qu'elle n'est. Et, jaloux de cette réussite dont ils ne perçoivent pas la portée, ils se rabattent sur l'égalisation aveugle.

Alors, il se fait un glissement. La différence entre

les bons et les moins bons, perdant son fondement et son caractère ouvert, devient comme un reflet de la lutte des classes. On nous dit que la culture est « aristocratique » parce que beaucoup ne l'ont pas. Et l'on conçoit la sélection comme une « ségrégation ».

Rien n'est plus déraisonnable. Comme si les bons élèves constituaient un corps à part et sans justification, comme si l'on accédait à ce corps par l'oppression, comme si les autres ne pouvaient pas, à tout instant, y accéder ! Les bons élèves ne sortent pas nécessairement des milieux aisés : la prétendue classe qu'ils constitueraient, et contre laquelle on veut se défendre, rassemble très exactement tous ceux que l'on appelle à l'école les travailleurs.

En fait, si j'ai associé dans ce chapitre les deux notions d'émulation et de sélection, c'est parce que l'on s'est trop souvent plu à présenter la sélection comme un barrage, comme un élément négateur et oppressif. Or, c'est le contraire : il faut se la représenter comme un appel vers le haut, ouvert à tous, stimulant, prometteur de progrès. Un sportif se juge-t-il opprimé s'il n'est pas sélectionné pour les Jeux Olympiques ?

Cela ne veut pas dire que les autres voies soient inférieures. Le meilleur technicien répond au même appel vers le haut que le meilleur germaniste et mérite autant de respect. Il sera également, je pense, aussi fier et satisfait de son succès que l'autre.

Cette fausse vue de la compétition encourage malheureusement chez les jeunes les deux sentiments les plus nuisibles, et à l'enseignement, et au progrès. On inspire aux meilleurs une sorte de mauvaise conscience, toute proche de la mauvaise humeur, qui décourage leurs efforts ; et l'on inspire aux moins bons, au lieu de cette émulation joyeuse qui leur montrerait une voie ouverte, la jalousie, l'hostilité, et une rancune qui ne mène qu'à la violence.

Le grec avait deux mots pour désigner le sentiment que vous inspire la réussite : la jalousie qui refuse, c'est *phthonos ;* la compétition qui stimule, c'est *zèlos :* c'est notre « zèle ». Nous avons besoin du zèle, partout ; et il est la clef même du progrès. Or c'est lui qu'aujourd'hui l'on tue.

4. *Les confusions du temps présent.*

Tout cela devrait être évident. Et il serait facile de multiplier les preuves à coups de souvenirs, de citations, d'exemples venant d'hier ou d'ailleurs et d'éventuels témoignages. Il semble plus urgent de dénoncer aussi clairement que possible les deux confusions graves qui président aux réformes en cours et à leur intempestif égalitarisme.

La première est une simple affaire de préposition. On confond l'égalité *devant* l'enseignement et l'égalité *dans* l'enseignement. Or, je l'ai déjà dit, les deux idées n'ont aucun rapport. L'une est démocratique, l'autre est totalitaire. L'une fait respecter les droits des plus faibles, l'autre porte atteinte à ceux des meilleurs et, partant, à la collectivité même.

Car enfin l'égalité devant l'enseignement comme l'égalité devant la loi sont réclamées parce qu'elles sont justes. Mais qui donc trouvera juste que celui qui n'a pas travaillé et n'a fourni aucun effort reçoive même traitement, même approbation, mêmes fonctions que l'autre ! Cette fausse idée de la justice a pénétré toutes les mesures prises depuis deux ans, et un peu davantage celles qui concernent l'enseignement. Car, en même temps que l'on supprime les notes et les classements pour les élèves, on tend à effacer les distinctions entre les enseignants. Les professeurs, certifiés ou agrégés, se valent. Les professeurs d'université voient leurs responsabilités et leurs traitements assimilés de proche en proche à ceux de leurs assistants. On oublie seulement les années de travail, de privations, d'efforts, les sacrifices d'argent pour faire dactylographier puis imprimer une thèse, les soirées de détente perdues, les dimanches d'étude solitaire, les menues occasions de gagner un peu d'argent écartées, tout cela pour obtenir en échange ce titre dont on leur dit maintenant qu'il ne signifie rien et ne fait aucune différence. On oublie aussi toutes ces années de lectures, de renseignements accumulés, qu'il s'agisse de bibliographies savantes, de culture (car on explique autrement un auteur si on a lu les autres), ou même d'informations pratiques, de contacts à l'étranger, destinés à favoriser l'audience des recherches à venir. Tout cela, qui coûte du temps, de l'argent, de la santé, ne sera plus reconnu. Et vous pensez vraiment que, devant cette injustice, les plus jeunes se lanceront dans ce détour austère ? Mais que dis-je ? On le leur interdit presque, puisque l'on parlait de supprimer, et que l'on veut du moins réduire à peu de chose, les thèses de doctorat. Donc, plus de différences ! Cette égalité-là est si absurde, que l'on pourrait vraiment en pleurer. Surtout quand on pense que déjà mes Grecs, il y a vingt-cinq siècles, avaient si lucidement posé le problème, si finement distingué l'égalité arithmétique, qui donne à tous la même chose, et l'égalité géométrique, ou proportionnelle, qui tient compte des mérites. Platon, dans la *République* et dans les *Lois,* avait bien dit que la seconde forme était la seule bonne, elle qui donne, « par exemple », dit-il, « aux mérites plus grands les plus grands honneurs »... Oubliées, ces analyses ! Et pourtant nos législateurs, quand ils établissent l'impôt, n'ignorent pas la proportion...

Si l'on veut rendre à l'enseignement français sa qualité et sa valeur compétitive, il faudrait au contraire encourager la concurrence. Il y a, dans toute classe d'un lycée ou d'un collège, des bons élèves et des mauvais : est-il salutaire de leur imposer le même rythme ? Il y a aussi de bons et de mauvais lycées, de bonnes et de mauvaises universités : comment la concurrence n'encouragerait-elle pas le progrès ? Je ne suis pas sûre que les modes d'évaluation proposés par Laurent Schwartz soient facilement applicables aux lettres ; mais je souscris sans réserve à son idée que les universités doivent être concurrentielles et que, si tous, ou presque, doivent pouvoir accéder à une forme d'enseignement supérieur, les universités les plus exigeantes ont le devoir de faire respecter leurs exigences. C'est évidemment la condition pour une recherche de qualité : c'est aussi celle d'une formation de qualité pour les esprits. On ne nivelle jamais que par le bas.

Cette sélection et cette émulation existent d'ailleurs encore dans les faits. Tout le monde admet qu'il y a des établissements meilleurs que d'autres. Simplement, là aussi, il est plus simple de mettre tout le monde dans le même sac, ou plutôt sur le même lit de Procuste, en retranchant ce qui dépasse.

J'écris ces remarques avec le cœur lourd, parce que tout ce que j'ai connu de bon, au cours d'une vie qui touche à son terme, se trouve soudain détruit, de fond en comble, par une poignée de gens qui n'ont pas l'expérience que j'ai. Ils renversent tout, comme ils feraient d'un château de sable, au nom de principes mal cernés, voire même au gré de sentiments aveugles.

Si encore je pensais que cette ruine est liée au fameux changement de société et que l'évolution politique la rendait inévitable, je prendrais peut-être les choses avec plus de calme. Mais le plus bête est qu'il n'y avait aucune raison au monde pour que la gauche adoptât, en matière d'enseignement, de telles idées — au contraire.

La gauche française a toujours été ouverte, éprise de progrès dans tous les domaines, fière de ses braves petits, confiante dans la raison humaine, dans la science, et dans les vertus du libéralisme. Et la voilà qui, à peine au pouvoir, nivelle, impose, égalise ; la voilà qui ne croit plus à l'émulation, qui n'a plus confiance dans les bons élèves ni dans les bons savants, qui ne veut plus le progrès de la science, qui doute de la raison, et réagit comme le feraient les sans foi de la dictature ; la voilà qui apparaît triste, hargneuse, jalouse ; la voilà qui endigue et bride de partout la compétition dont ses grands chantres, jadis, auraient réclamé l'extension à tous.

C'est tout juste si l'on peut, dans cette attitude, reconnaître le modèle totalitaire du communisme soviétique : assurément c'est lui qui, contrairement aux traditions françaises, fournit ces modèles draconiens. Mais, s'il est égalitaire en tout, il a trop le sens de l'État et de l'intérêt collectif pour ne pas encourager la qualité, dans le domaine de la science en particulier, ou encore de la musique... Alors, pourquoi cette rigueur aveugle et cet esprit de destruction, qui semble presque systématique ? Pourquoi cette obstination à vouloir, sous couleur de générosité, miner et rabaisser nos forces futures ?

Pourtant, le fait est là. Le gaspillage de personnes, de talents et de compétences qu'entraîne ce nivellement de l'éducation est terrifiant. Dans ce domaine, on peut dire à coup sûr que la loi nouvelle vide le trésor ; et c'est un trésor autrement long et difficile à reconstituer que celui des finances.

IV

LA POLITISATION

Le critère de la qualité s'efface donc progressivement en même temps que s'écrase la hiérarchie. Mais le fait est encore aggravé par l'apparition d'autres critères, qui livrent l'enseignement, et surtout l'Université, aux débats et aux pressions de la politique.

Certes, la politisation n'a pas commencé sous le régime actuel ; et elle ne sévit pas uniquement dans l'enseignement. Mais elle y est peut-être plus grave encore qu'ailleurs ; et elle s'y accroît, ces temps-ci, à toute allure.

Depuis un certain temps la France, au lieu d'être divisée en partis divers, est scindée en deux groupes, d'autant plus violemment opposés entre eux qu'ils sont d'importance comparable. Il en résulte une tendance à sacrifier tout le reste pour mieux soutenir une lutte de plus en plus âpre. Et cette tendance est encore renforcée du fait que ces deux groupes rejoignent plus ou moins les deux grands blocs entre lesquels se divisent les nations, et qu'incarnent, en gros, les États-Unis et l'U.R.S.S.

On sait depuis longtemps quelles conséquences risque d'entraîner une telle division. Thucydide, au ve siècle avant J.-C., les a déjà décrites, en distinguant même les deux degrés que je viens d'indiquer pour notre France d'aujourd'hui. Tout d'abord, il a montré, à propos d'Athènes et des successeurs de Périclès, que,lorsque s'affrontèrent des chefs politiques rivaux dont les mérites se valaient, leur ambition se déchaîna ; alors, dit-il, « ils cherchèrent le plaisir du peuple, dont ils firent dépendre la conduite même des affaires ». Ce mal ne nous est pas inconnu. Mais surtout il a montré comment les deux camps, dans la vie internationale, s'opposèrent de façon si acharnée qu'ils déclenchèrent dans toutes les cités la guerre civile. Et, là, il se lance dans une longue digression (s'il est permis d'appeler digression ce qui touche directement à l'essentiel) : il fait voir comment chaque camp, dans chaque ville, fait appel à un des deux grands et comment le résultat de ce double appel à l'étranger se traduit par l'extension de la guerre civile un peu partout dans le monde grec. Et il fait voir aussi comment l'âpreté de cette lutte politique ruine, du coup, la morale. Elle change en effet les valeurs : « Une audace irréfléchie passa pour dévouement courageux à son parti, une prudence réservée pour lâcheté déguisée, la sagesse pour le masque de la couardise, l'intelligence en tout pour une inertie totale. (...) En vérité, la parenté même devint un lien moins étroit que le parti, où l'on était prêt davantage à oser sans détour... ». Je voudrais tout citer ; et tout donnerait à réfléchir. Sans aller, en France du moins, jusqu'au massacre, nous ne connaissons que trop cette redoutable évolution et le poids dont elle pèse sur notre vie publique et parfois privée.

La façon dont elle intervient dans l'enseignement

est moins spectaculaire, moins sanguinaire, mais peut-être plus grave encore. Car, en fin de compte, dans la mesure où l'enjeu est la formation de jeunes esprits, peu armés pour se défendre, la lutte y est à la fois plus déloyale et plus lourde de conséquences : on prépare dans les classes les partisans de demain.

Qui plus est, une telle distorsion implique le rejet de tout ce qui doit, précisément, former ces jeunes esprits : elle implique que l'on fasse passer au second plan ce qui devrait être essentiel à commencer par le goût de la vérité, l'habitude de lutter pour l'atteindre, et l'emploi de l'esprit critique.

L'influence des médias a souvent été dénoncée ; mais les médias s'adressent à des adultes : un enseignement engagé reporte cette influence en un domaine où elle est infiniment plus dangereuse et où aucune pluralité d'information ne peut même être imaginée. L'enseignement engagé passe pour vérité admise. Il règne seul.

Il est, certes, difficile pour quiconque enseigne d'échapper aux tentations de l'engagement. Nul ne peut être certain de l'avoir toujours fait avec succès. Du moins nous apprenait-on, autrefois, comme la vertu première de l'enseignant, l'impartialité. Impartialité entre les élèves, quels que soient leur origine, leur milieu politique, leur race, leur caractère. Impartialité également, à un autre niveau, dans les votes concernant des personnes. Les institutions elles-mêmes s'inspiraient de ce principe en imposant l'anonymat des copies et la constitution de jurys le plus possible nationaux : surtout, les esprits l'adoptaient pour règle. Je ne suis même pas sûre que, dans la vieille école libérale à laquelle je devais ma formation, il ne nous soit pas arrivé, à tous, d'être injustes par crainte de l'être, et de nous montrer plus favorables à une candidature parce qu'elle venait d'un bord intellectuel contre lequel nous aurions pu être prévenus. Et, encore tout récemment, le simple fait de poser une question sur l'orientation politique d'un candidat était accueilli par un sursaut de blâme : jamais l'imprudent n'aurait obtenu une réponse.

Hélas ! ces temps-là sont révolus. Et les barrières éthiques sont d'autant plus facilement renversées que la politisation s'inscrit ouvertement dans les institutions. En tout cas c'est ce qu'il semble, à voir comment un certain nombre de nouvelles mesures tendent à installer dans la loi cet esprit partisan qu'il fallait combattre à tout prix.

Cela est surtout sensible dans le cas de l'enseignement supérieur et de la recherche. Là, diverses décisions, ouvertement suggérées par les syndicats politiques, tendent à leur livrer l'enseignement et à remplacer, du haut en bas, les critères du savoir par ceux de l'appartenance politique.

Cela a commencé avec les élections au Centre National de la Recherche Scientifique (C.N.R.S.). Celles-ci se font au scrutin de liste. Peut-on imaginer mesure plus aberrante ? Établir une liste sur le plan national est une entreprise absorbante et coûteuse. Qui peut le faire ? Les syndicats, et, dans les syndicats, ceux qui ont le plus large champ d'action et ne sont pas exclusivement universitaires. De fait, presque toutes les listes ont été syndicales. Du moins faut-il saluer l'heureuse initiative de certains scientifiques, qui, sensibles au péril, ont formé une association se réclamant de la « Qualité de la science française ». Ils ont été suffisamment suivis pour révéler que les chercheurs comprenaient l'enjeu ; et, ayant à leur tête des personnalités de gauche, ils ont été moins suspects. Pour une fois, ce n'était pas une réaction politique ! On relève dans leur manifeste ce paragraphe clair et décisif : « Il est essentiel de ne pas confondre la défense des personnels et l'élaboration des choix scientifiques. En particulier, l'association s'oppose à la généralisation du scrutin de liste et à la fusion des collèges électoraux envisagés dans les projets de la loi d'orientation. Elle considère que ces dispositions entraîneront inévitablement une politique nuisible à l'efficacité des choix scientifiques. »

On ne saurait mieux définir le danger. Mais le scrutin de liste — c'est-à-dire le scrutin politique — n'en continue pas moins à gagner du terrain. Et les élections des délégués aux divers conseils des universités risquent de s'aligner sur cet exemple, quand ce n'est pas déjà fait.

D'autre part, des élections politisées pouvaient, dans certains cas, être corrigées par la présence de membres nommés. En particulier, quand une spécialité importante se trouvait mal représentée, cela permettait d'y remédier, ou encore quand des personnalités compétentes, mais sans activité syndicale, se trouvaient de ce fait absentes. Malheureusement, dans un monde politisé comme le nôtre, la nomination par le gouvernement devient aisément, on s'en doute, une affaire elle aussi politique. Je ne citerai certes pas de noms et il ne s'agit pas ici de faire le procès des personnes ; mais je ne crois pas que le risque ici indiqué puisse être mis en doute. Le Conseil Supérieur provisoire des Universités (qui, au niveau national, contrôle les avancements, les inscriptions sur les listes d'aptitude et les nominations) vient, lui, d'être (pour une fois il est vrai ; car tout flotte, et ce flottement même décourage les résistances) tiré au sort. Je dis bien : tiré au sort. Le procédé est certes moins politique que le scrutin de liste ; et l'on peut s'en féliciter. Mais, pour les plus hautes responsabilités de l'enseignement supérieur et de la recherche, il est pour le moins burlesque de renoncer à tout critère de compétence et d'expérience. Et, quand on pense au nombre de petites universités créées un peu partout avec des effectifs sommaires, et au peu d'exigences que suppose le recrutement dans ces cas-là, on peut aisément imaginer ce que doivent être l'expérience et la compétence de certains de leurs enseignants. Le résultat d'un tel recrutement avait plus que tout autre besoin d'être complété et revu par les nominations : dans les disciplines que je connais, celles-ci ont souvent été politiques.

J'ai fait partie, pendant des années, de ce Conseil ; j'ai longtemps été vice-présidente d'une de ses sections ; et j'ai vu les autres à l'œuvre : on ne saurait imaginer le poids que représente une telle charge. Il y a les dossiers, énormes, à répartir, à étudier, les centaines de pages à lire, les attestations à regarder et à éplucher de près, les renseignements à recueillir, les souvenirs de candidatures antérieures à retrouver. Pour juger de ces centaines de pages, il faut de la compétence et de l'expérience ; pour apprécier le poids de ces attestations, il faut de l'habitude et de l'indépendance ; pour fournir tout ce travail et le faire correctement, il faut du dévouement (encore n'ai-je pas parlé des séances elles-mêmes, qui, pour certaines sections, durent parfois plusieurs semaines !). Et l'on attend tout cela d'un tirage au sort, combiné avec des nominations politiques ? Or, rappelons-le : le classement des candidats et la désignation des enseignants des divers niveaux (si divers niveaux il y a) sont la seule garantie de la qualité, tant pour l'enseignement lui-même que pour la recherche.

Dans l'avenir, ce même Conseil sera élu par deux collèges distincts, mais encore, et toujours, au scrutin de liste ! La politique s'installe partout et devient le seul critère.

En ira-t-il mieux dans les universités elles-mêmes ? Loin de là ! J'en voudrais citer pour preuve les deux conseils qui semblent, ces jours-ci, en voie d'être créés. Il n'y en avait qu'un, jadis, à la tête d'une université. Il se composait, tout bonnement, de l'ensemble des professeurs. Ils avaient la charge de la gestion de l'université, des études et des orientations scientifiques. Lorsque le système a été démocratisé, et que la gestion des universités a été ouverte, non seulement aux autres enseignants (qui naguère n'existaient pas et sont de création récente), mais aux étudiants, il s'est constitué, à part, un conseil moins important, appelé « Conseil scientifique » : il était trop évident que les orientations de la recherche ne pouvaient être confiées à l'appréciation de ceux qui n'y étaient pas encore initiés. Dans les derniers projets adoptés ou en voie de l'être, ils y seraient, me dit-on, représentés. Oui : même là ! et en dépit de ce que la chose semble avoir d'illogique ou de dangereux ! Comme eût dit un de mes Grecs, cela doit être une mesure adoptée « pour faire plaisir ». Quand ils disaient cela, ce n'était pas un éloge.

Quoi qu'il en soit, pour en revenir aux deux conseils (ou trois ?) qui régiront les universités, l'un des deux serait, selon ce que l'on en dit aujourd'hui, élu par un collège unique — ce qui signifie, non pas l'égalité entre professeurs, assistants et maîtres-assistants, mais la souveraineté de ces deux dernières catégories, dont le nombre est beaucoup plus élevé. S'il doit en être ainsi, leur représentation sera donc, proportionnellement, beaucoup plus forte aussi que celle des professeurs. De plus, dans les deux cas, il s'agira encore une fois d'un scrutin de liste, donc à nouveau d'un vote politique. Et ce mode de scrutin contribuera encore à avantager les mêmes catégories. Car, comme l'écrit Laurent Schwartz, président de l'Association que je viens de mentionner, « Il s'agit d'autre part des corps les plus syndicalisés. Or le scrutin proportionnel de liste favorise les groupes structurés par rapport aux individus. Pour s'en tenir au seul Conseil scientifique, on va donc faire élire les représentants des enseignants non pas sur des critères scientifiques, mais sur des critères syndicaux ». Reste, ici encore, l'élément venu du dehors, et constitué par les « personnalités extérieures ». J'ai été très favorable, naguère, à l'invention de ces personnalités extérieures : elles pouvaient aider l'Université à prendre contact avec le monde du dehors et à organiser ses débouchés ; et puis elles échappaient aux querelles intérieures et à la logorrhée irréaliste dont sont trop souvent victimes les universitaires. Mais échapperont-elles au clivage politique ? On peut bien craindre que non. Si c'est la partie élue du Conseil qui les désigne, le principe du scrutin par liste se répercutera sur cette désignation ; et si le gouvernement y a part, il y a peu de chances, dans l'état actuel des choses, que le choix soit moins politique. Tout cela est d'autant plus grave que les professeurs, qui auparavant constituaient les conseils, n'y auront plus qu'une trop faible représentation. Je ne sais pas, à l'heure où j'écris, quelle sera cette proportion. Divers chiffres ont été mentionnés, tous terriblement bas. En tout cas, il est clair qu'ici encore, et à un niveau particulièrement important, le critère des compétences le cède au critère politique. J'aurai pu, en fait, mentionner ces projets en cours d'adoption parmi les causes du marasme des professeurs, ou bien comme un signe de plus de l'égalitarisme actuel : ils me paraissent relever, de façon non moins frappante, de la politisation.

Au reste, on peut rappeler la réforme introduisant une troisième voie d'entrée à l'E.N.A., avec des candidats présélectionnés sur dossiers, en fonction du dévouement dont ils ont fait preuve dans leurs activités syndicales, associatives ou politiques : six membres actifs de la C.G.T. et de la C.F.D.T. (sur dix nouvelles recrues) ont ainsi rejoint les élèves reçus au concours.

Le fait est le même partout : les nouvelles mesures, prises sous l'influence des syndicats, renforcent la politisation, l'imposent, et en font le seul critère. On votera un de ces jours, je pense, au scrutin de liste, pour savoir le sens exact d'un mot ou l'interprétation d'une trouvaille archéologique ! En attendant, cette politisation accrue est autant de perdu pour la science, de toute évidence.

Laurent Schwartz, que je viens de citer, écrit joliment : « Le pilote d'un avion n'est pas élu par le personnel de bord et les passagers. » Je me demande s'il savait, en écrivant cette phrase (fort sensée), qu'il retrouvait exactement Platon, imaginant un navire où des matelots en discorde se disputeraient le commandement du navire et n'auraient d'éloges que pour ceux qui les aideraient à s'en assurer le commandement : « Ils ne se doutent même pas que le vrai pilote doit étudier les temps, les saisons, le ciel et les astres, les vents et tout ce qui a rapport à son art, s'il veut réellement savoir commander un vaisseau. » La même évidence s'impose à vingt-cinq siècles de distance.

On conçoit donc que quiconque veut rendre à l'Université un peu d'éclat et d'efficacité doit à tout prix écarter d'emblée toutes les mesures, quelles qu'elles soient, qui risquent d'aggraver la politisation aujourd'hui triomphante.

Je dirais même que certaines mesures, en elles-mêmes admissibles, voire excellentes, risquent de devenir néfastes dans la bipolarité actuelle. Le tutorat est du nombre. Car remettre la charge d'un étudiant à un enseignant pour toute la durée de ses études revient à le livrer à une propagande politique à laquelle il lui sera impossible d'échapper, de niveau en niveau. Et je ne parle pas de ces tuteurs prévus dans les collèges, où il est admis que les enseignants devraient devenir des conseillers personnels, s'occupant du domaine affectif et des diverses crises de la petite adolescence : même si une certaine formation morale me semble indispensable, je crains qu'ici encore la politisation ne rende ce rôle redoutable. Les tuteurs m'inquiètent là comme à l'université, et pour des raisons analogues. De même, l'évaluation des résultats acquis par la recherche, dans les universités littéraires, pourrait fort bien être également politisée : l'objectivité, dans les lettres, est plus difficile à atteindre, l'accord moins net, les progrès plus contestés, la recherche inévitablement plus orientée. Ce n'est pas le seul cas — et j'y reviendrai — où il apparaisse que les lettres et les sciences ne peuvent être traitées de façon absolument semblable et où des correctifs deviennent nécessaires quand on passe d'un domaine à l'autre.

De même, le principe consistant à remplacer les thèses par l'habilitation sur dossier serait fort acceptable (en dépit de la perte subie pour la science), si l'on ne vivait en un temps où les jurys peuvent être constitués en fonction des complaisances et des amitiés politiques. Un long travail écrit ne peut prêter aux manœuvres et aux verdicts partisans : une série d'articles plus ou moins engagés le peut fort aisément.

D'ailleurs, est-ce un hasard si les barrières de la compétition démocratique sont brusquement abaissées au moment même où se développe la mainmise des syndicats politisés sur l'enseignement ? On me permettra d'en douter.

Mais si ces périls attachés à la politisation sont, dans l'enseignement supérieur, bien nets et souvent dénoncés, s'ils s'y voient dans l'organisation des votes, des classements et des conseils, s'ils s'y opposent clairement à la qualité scientifique, il est possible que le danger attaché à la politisation soit plus grave encore dans l'enseignement secondaire, où se forment les esprits.

Les jeunes gens instruits dans ce monde politisé de

l'enseignement supérieur ne se tournent pas tous vers la recherche : ils deviennent les maîtres de l'enseignement secondaire, les maîtres des lycées et collèges. Là, ils ont la responsabilité de former les enfants. Et comment apporteraient-ils à cette tâche un esprit différent de celui dans lequel ils ont fait leurs études ? Dans le domaine des connaissances, un professeur du secondaire nourrit tout son enseignement, année après année, de ce qu'il a appris à l'université. Il fait lire de préférence les textes dont il a alors découvert les beautés, propage les doctrines dont il s'est alors pénétré. Et il le fait sans qu'intervienne dès lors aucun contrôle ni aucune critique. Il est libre de ses propos, de ses orientations, de ses plaisanteries, de ses éclats, de ses sarcasmes. Qui plus est, il s'adresse, seul, à des esprits encore presque vierges, auprès de qui tout ce qu'il dit se trouve revêtu (si cela existe encore) du sceau de l'autorité, et tenu (dans la mesure où cela existe encore) pour vérité. Chaque décision facilitant la politisation de l'enseignement supérieur se répercute donc, en mille fois plus puissant, sur les enfants du secondaire.

Et cela me paraît, à bien des égards, plus grave encore que le déclin de notre recherche. L'École est l'endroit entre tous d'où la politisation devrait être bannie, parce qu'elle s'adresse, je l'ai dit, à des esprits qui sont, selon les âges, ou sans défense ou moins bien armés que les adultes, et parce que toute formation, intellectuelle et morale, digne de ce nom, exige l'atmosphère sereine que l'on recommande tant aux parents de ces enfants. Ceux qui nient que, pour ces raisons, l'École doive rester un monde à part et respecté ne font qu'apporter la preuve des progrès déjà accomplis par la politisation et du danger que je dénonce. Ils tirent notre 1984 dans le sens de celui d'Orwell.

Ce danger est surtout sensible dans les enseignements littéraires, où l'objectivité absolue est impossible et l'engagement toujours plus ou moins présent. Il y a donc, en histoire, en philosophie, en littérature, une sorte de partialité involontaire chez les plus honnêtes. On peut enseigner une histoire de droite ou une histoire de gauche, en tronquant et en déformant à peine. L'une insistera sur les misères des peuples et sur les révolutions, l'autre sur les services rendus par les chefs d'État ou sur les victoires militaires. De même, il y a deux façons d'enseigner la littérature, l'une centrée sur Zola ou sur Aragon, l'autre sur Racine ou Stendhal, l'une insistant sur le témoignage social, l'autre sur l'œuvre considérée dans son unicité. Il y a aussi deux façons d'enseigner la philosophie : Descartes et Kant ou bien Marx et Hegel. C'est un choix que chacun a le droit de faire, mais à condition de laisser le même droit aux autres, et surtout aux enfants — c'est-à-dire à condition de fournir à ces derniers tous les éléments nécessaires pour un tel choix. Or, le fait-on ? À vrai dire l'influence du parti au pouvoir se marque du haut en bas et du bas en haut. Il ne se traduit pas seulement dans la façon de choisir les professeurs, mais dans la définition des programmes, dans les manuels, et, indirectement, dans l'accueil que font les médias aux livres nouveaux, aux thèses, et aux interprétations opposées.

Ce mal, déjà si sensible, est encore aggravé quand sont autorisés les essais indépendants et incontrôlés de pédagogies nouvelles. Je connais tel établissement de Paris où l'étude du régime soviétique occupe (déjà !) tous les premiers mois de l'année, d'autres où le premier livre de lecture est la vie de Mao. Et qu'y faire ? Tout est permis, qui va dans le sens soit du pouvoir soit des groupes de pression qu'il écoute. On a parlé, même à l'étranger, de certains manuels d'histoire délibérément orientés en ce sens... Hélas, je connais aussi telle petite réfugiée d'un pays de l'Est, placée dans un établissement parisien, où elle réussissait très bien : elle eut une crise de dépression grave, en retrouvant les déformations que, dans le pays d'où elle venait, elle avait appris à haïr comme des signes de l'oppression. Ses petites camarades, qui n'avaient pas mûri dans la même expérience et les mêmes épreuves, se laissaient endoctriner sans la moindre méfiance.

De tels faits, dont on pourrait allonger indéfiniment la liste, mettent tout l'avenir en péril. On me dira que je prends mes exemples à l'extrême gauche et qu'il doit y en avoir dans les deux sens : je n'en suis pas si sûre ! L'extrême gauche se réclame non pas d'opinions politiques mais d'une foi absolue en un système qui englobe tout et doit exclure les autres. Elle est animée par l'idée de la lutte des classes, qui encourage à la lutte sur tous les plans. Le bonheur futur qu'elle entrevoit pour l'avenir autorise tous les moyens dans le présent. Et la neutralité politique s'accorde mal avec de telles doctrines. C'est bien ce qui rend la lutte inégale. Car cette neutralité politique est le fait d'un libéralisme, que son application unilatérale affaiblit d'autant. Il se renierait s'il y renonçait, mais il se paralyse en y obéissant seul. Il en va d'ailleurs de même pour les élections de l'enseignement supérieur dont je parlais en premier lieu : un syndicat qui ne veut pas confier l'enseignement à la politique se trouve gêné et ligoté quand on l'invite à une compétition politique pour laquelle ses membres ne sauraient être aussi mobilisés que les autres.

Et c'est bien là que l'on découvre qu'il n'y a, en l'occurrence, ni hasard ni accident : il y a, derrière toutes ces mesures et toutes ces habitudes nouvelles, comme derrière l'émoi qu'elles soulèvent chez beaucoup d'entre nous, un problème, et un vrai : celui de la neutralité scolaire.

Elle a subi, il faut le dire, un curieux retournement au cours des dernières décennies.

Certes, il y a des domaines pour lesquels il est admis que l'enseignement doit observer une certaine neutralité. Depuis longtemps, l'ensemble des questions religieuses a été rangé dans cette catégorie (au point que l'on n'enseigne même pas les données bibliques, si essentielles pour l'étude de tous les arts). Mais, sur les autres, on a évolué.

Autrefois, et jusqu'aux vingt dernières années, on aurait considéré comme une faute professionnelle grave de laisser percer dans son enseignement la moindre trace de ses opinions politiques : à présent, on ne se cache plus de le faire et l'on met en avant le bien de la communauté. Mais presque personne ne remarque que, par un effet contraire, on considérerait comme une faute, et une atteinte aux droits individuels, d'enseigner aux enfants la morale élémentaire — du moins en y attachant quelque prix et en tentant de l'inculquer. La morale est devenue « bourgeoise » ; et, à ce titre, elle est répudiée.

Peut-être était-elle en effet « bourgeoise » par certains traits ; le respect de la famille et des parents, le sens même du patriotisme sont aujourd'hui plus ou moins suspects : beaucoup, d'ailleurs, le déploreront. Mais qui peut, dans n'importe quelle société, rejeter la franchise, l'honnêteté, le civisme ? Qui peut rejeter le respect d'autrui, la maîtrise de soi, la pitié ? Aucune société ne peut vivre sans ces valeurs ; aucun individu ne peut s'épanouir sans une certaine ferveur pour le bien. Autrefois, on n'avait pas honte, en classe, de qualifier des actes de bons ou de mauvais ; on citait des exemples de courage et de noblesse dans les textes, et on les faisait aimer. Sur qui compte-t-on donc pour tenir ce rôle, dans un État laïc comme le nôtre ? Sur les familles ? On ne les a guère préparées à ce rôle ; et beaucoup d'entre elles ne seraient guère qualifiées pour l'assumer. Elles-mêmes comptent sur l'école pour cela.

J'ai, dans un chapitre précédent, plaidé pour la place du savoir dans l'enseignement : l'examen de la politisation et des attitudes d'esprit auxquelles elle correspond m'amène à plaider cette fois pour un autre aspect, moins reconnu encore que le savoir, et qui, faisant de l'enseignement une éducation, se définit par la prise de conscience de ces valeurs.

On juge indiscret d'y mêler l'enseignement : le résultat n'est que trop visible. C'est d'abord, dans notre société, le pullulement de la délinquance.

Les faits ne sont que trop clairs. Je ne connais pas une personne, autour de moi, qui n'ait été au moins une fois cambriolée, ou victime soit d'agressions soit d'actes de vandalisme. En ce qui me concerne, je suis arrivée, ce printemps dernier, au record de trois fois en un mois. Or, ce sont là les agissements de jeunes : on a souvent l'occasion de le constater. Il y a aussi la drogue, les sectes, le chômage délibéré et calculateur, la fraude aux élections, le manque de parole, l'inexactitude, les fautes professionnelles de toute sorte, le vol dans les églises, dans les cimetières, dans la demeure de ceux que leur famille est en train de porter en terre... Il y a le jeu des étudiants, faisant des concours à qui volera le plus de livres. Il y a des enfants en classe, jetant à terre et maltraitant telle petite camarade parce que — les mots sont authentiques — « elle ne leur plaisait pas ».

Je ne suis pas sûre que le Garde des Sceaux ait raison de recommander comme il fait l'indulgence. Moi qui ai été victime ou témoin de chacun des faits que je viens d'énumérer, je ne ressens pas les choses comme lui. Cependant, ce n'est pas mon affaire ; et, dans la mesure où je m'inquiète de voir si peu de sanctions, c'est simplement parce que je pense, en professeur, que celles-ci auraient peut-être une valeur d'exemple et un effet de dissuasion. En tout cas une chose est sûre ! Même si l'on renonce à donner ces leçons de civisme et d'honnêteté lorsque le mal est fait, il reste que l'enseignement, lui, devrait absolument y parer à l'avance. Je pense en effet que cette petite délinquance (qui n'est pas toujours si petite que cela) implique, entre autres causes, une lacune grave dans l'enseignement, et qu'il lui reviendrait, au moment où une influence s'exerce encore sur les jeunes esprits, de veiller à enrayer cette détérioration. Il doit apporter une éducation. Et, à ce titre, il doit faire une place aux devoirs de l'homme et du citoyen.

Je connais une femme, professeur suppléant dans

un lycée de Paris, qui, il y a quelques années, a surpris un élève en train de casser à coups de pierres les carreaux d'une salle de classe. Elle est allée signaler le fait à l'administration ; mais l'administration tend à fuir les complications, et on lui a répondu, avec d'autant plus de mépris qu'elle n'était que suppléante : « Laissez-nous donc tranquilles ; ce ne sont pas vos carreaux ! » C'était d'ailleurs en partie faux, car ce sont nos carreaux à tous. Mais le principe d'une telle démission explique assez que les choses aillent mal.

Or la délinquance n'est pas le pire. Le pire est le manque de zèle, de foi, de certitudes humaines. Le pire est l'indifférence, ou l'égoïsme matérialiste. On a laissé toutes ces mauvaises herbes se développer dans les classes, en vertu d'une abstention précautionneuse, cause manifeste de cette décadence...

Si bien que tout se passe comme si la neutralité scolaire, abandonnée en politique, s'était reportée sur notre vieille morale. Le trait confirme les progrès foudroyants de la politisation. Il confirme aussi l'analyse de Thucydide, qui a été citée, et qui montre la morale faisant les frais de l'affrontement entre les deux camps. En même temps, il ouvre les yeux sur la contradiction dans laquelle nous vivons.

La morale représente ce qui est, en tout cas, nécessaire à tout le corps civique dans son ensemble, s'il doit garder quelque homogénéité et quelque santé : l'orientation politique, au contraire, n'est que celle d'un groupe. Dans le domaine moral, il peut y avoir épanouissement ou déclin de certaines valeurs, il peut même y avoir des cas de conscience ; mais il n'y a pas d'option. Tant que l'État garde sa forme démocratique, l'engagement politique y reste une option. Un État qui laisse pratiquement la morale dans l'ombre et encourage la politisation n'est donc plus l'État : il adopte une attitude partisane, dont la visée ne peut qu'être le changement de la forme de l'État lui-même. Les défaillances en apparence bénignes de notre enseignement secondaire nous orientent sans faute vers le totalitarisme.

Depuis la recherche la plus poussée jusqu'à la leçon de lecture, le péril est partout : les appartenances politiques tendent à l'emporter sur le sens de la vérité et de l'équité, indispensables dans la vie universitaire et dans la recherche, et sur le sens des valeurs morales, indispensables dans la vie quotidienne. Elles monopolisent tout, balaient tout.

On me dira : mais les remèdes ? Le mal est si général qu'on ne l'enrayera pas d'un coup. Il peut même fort bien triompher de nous. Mais, dans le domaine précis de l'enseignement, un certain nombre de précautions sont possibles, et un certain nombre de glissements à éviter absolument. Pour l'enseignement supérieur, on a indiqué ici quelques-unes des mesures qui risquent de précipiter le désastre. Et, de toute manière, j'aimerais rappeler que l'enseignement avait précisément multiplié les précautions contre les méfaits de la politisation. C'était, dans le recrutement, l'existence des concours, comme pour l'entrée à l'École Normale Supérieure ou pour l'agrégation. Ils ont beaucoup d'avantages, car ils stimulent l'émulation et garantissent la qualité, autant que faire se peut. Mais ils ont aussi l'avantage d'être une sauvegarde absolue contre tout recrutement politisé. Est-ce pour cela, peut-être, qu'on les attaque ? C'est au moins pour cela aussi. Sinon, pourquoi aurait-on ouvert une « troisième voie » à l'E.N.A. ? Et puis avec les concours vont l'anonymat, le rejet des recrutements parallèles et locaux, non contrôlés par des instances nationales. Et aussi le fait que ces instances nationales soient elles aussi préservées, par le rejet des scrutins politiques. À cela peuvent se joindre les instructions, émanant du Ministre ou des divers niveaux de l'Inspection, et restituant une place plus grande au citoyen en tant que tel. Enfin l'effort de tous ceux que l'on tente de décourager et qui, j'espère, ne se laisseront pas décourager. À vrai dire, je ne sais pas du tout comment on mettra jamais fin à la politisation de la vie quotidienne ; mais il devrait être possible, et même facile, avec un peu de bonne volonté, de protéger le seul secteur où elle ne devrait pas pénétrer, et qui est, je l'ai dit, l'enseignement. Si l'on sauvait l'enseignement de ce mal, qui pourrait dire les limites de l'espoir ainsi restauré ?

Inversement, si l'on ne freine pas ce mouvement, et qu'au contraire on l'encourage, il risque d'emporter bien des choses : je ne pense plus seulement ici à la qualité de l'enseignement, ni aux problèmes et aux pressions indirectes auxquels des enseignants risquent d'avoir à faire face ; je pense bien plutôt au redoutable instrument que sont en train de forger ceux qui introduisent ainsi la politique du haut en bas de l'enseignement. L'enseignement instauré par eux conduit inexorablement à la formation d'une jeunesse également politisée, et politisée dans le même sens, prête, au surplus, à tout sacrifier au but politique. Peut-être certains, obéissant déjà à ces dispositions qu'ils visent à répandre, le désirent-ils de façon consciente : les autres devraient au moins savoir sur quelle voie ces mesures et ces habitudes en apparence techniques orientent clairement l'avenir.

J'ajouterai un mot, qui me coûte un peu. L'évolution de l'enseignement public, qui tend à y introduire partout la politisation, mais à en écarter pudiquement la morale, constitue un argument sans pareil pour la défense de l'École libre.

J'ai passé quant à moi toute ma vie dans l'École publique et laïque, celle de l'État. Mon père y enseignait. J'y ai été élève. J'y ai enseigné pendant presque cinquante ans ; j'appartiens, par toutes les fibres de mon être et par mes souvenirs, à cette tradition que j'aimais et que je trouvais admirable. Mais, à voir comment l'enseignement change, je comprends maintenant que des parents s'attachent avec l'obstination du désespoir à l'École libre. Le principe de la liberté m'est cher. Mais ce n'est pas tout : je comprends aussi que, dans l'atmosphère actuelle, l'on tienne de toutes ses forces — politisation pour politisation — au respect de certaines valeurs, encore vivaces dans l'enseignement libre ; je comprends également que l'on se méfie de la qualité de l'enseignement et de la culture dispensée par l'État dans les conditions que j'ai dites. Enfin et surtout, je reconnais trop bien la politisation — toujours elle ! — dans le mouvement qui, ces temps-ci, veut détruire l'École libre ; et, du coup, l'attaque m'indigne. Depuis mon enfance, je n'ai jamais entendu parler du problème de l'École libre que comme d'un problème aussi dépassé de nos jours que celui de la révocation de l'édit de Nantes : le voir renaître est un signe de plus du mal qui semble se développer partout. Quand ce ne serait que pour cette raison, je me sens désormais obligée de défendre ceux que visent ces attaques.

C'est un des inconvénients de la politisation, et tout simplement de la politique, qu'elle disjoint ce qui était uni et entraîne des réactions en chaîne, dont les effets, parfois, ne se mesurent que lorsqu'ils sont devenus irréparables. Ils peuvent, en l'occurrence, le devenir très vite : le poids de la politique fait aujourd'hui basculer les assises mêmes de l'enseignement.

V

L'URGENCE PRATIQUE OU LA CULTURE

Aussi bien faudrait-il être au moins d'accord sur le but à poursuivre, et, pour cela, le définir.

Dans un exposé des motifs, joint à un avant-projet de la réforme de l'enseignement supérieur, on relève avec plaisir un souci, *a priori* satisfaisant, consistant à relier l'Université à la vie réelle et au monde moderne. Qui n'approuverait ? On y lit qu'il faut « que chaque enseigné cesse d'être désorienté face aux événements qui font l'histoire du monde » ; on y lit aussi qu'il sera proposé « une forme d'enseignement qui permette à l'enseigné d'acquérir des connaissances, des méthodes de travail, les informations nécessaires à son orientation, d'être en mesure de se situer au sein de la société, de se préparer au choix d'un cursus professionnel ». Sur quoi, en vue d'un tel but, on modifie radicalement le contenu des débuts de l'enseignement supérieur.

Voilà une conséquence importante ! Cela donne envie de relire soigneusement les phrases précédentes. Et alors, le malaise surgit, les questions lèvent, les problèmes, soudain, s'imposent.

D'abord on peut s'inquiéter des conséquences que

les orientations ainsi définies peuvent avoir sur notre enseignement supérieur : ces conséquences sont alarmantes, pour au moins trois raisons.

La première est l'insistance sur l'aspect pratique. Car il est bien vrai que l'enseignement universitaire a pu être, en France, dans le passé, un peu trop coupé du réel et indifférent aux débouchés. Je l'avoue. Mais je ne suis pas rassurée non plus quand je vois cet enseignement commandé presque exclusivement par le souci de situer les jeunes « dans la société » ou de les préparer « au choix d'un cursus professionnel ». Rien pour les débouchés, c'était un peu léger : mais tout pour les débouchés, c'est franchement trop. Cela relève de ce matérialisme dont on subit les effets partout et qui est finalement, avec son souci de toujours modeler les individus sur le groupe, plus ou moins teinté de marxisme. Et surtout, pratiquement, quel sera le résultat ? L'enseignement des universités, dont le principe était la science et le progrès des connaissances, risque de se muer en une sorte d'école étroitement professionnelle. Je crains que l'on ne perde beaucoup au change : que l'épanouissement des individus et le progrès scientifique, coupés de cette gratuité dont ils ont si grand besoin, ne paient le prix de ces bonnes intentions.

D'autre part, puisqu'il s'agit, dans ces années, de s'informer et de se préparer au choix d'une profession, cela signifie que la spécialisation sera presque absente — autrement dit que les deux ou trois ans qui se situent après le baccalauréat remplaceront les anciennes classes du secondaire, aujourd'hui défaillantes, et que le véritable enseignement « supérieur » se réduira aux deux ou trois années qui suivront — si vraiment elles suivent (les menaces imprécises qui couvent sur l'agrégation et les thèses laissent à cet égard quelque incertitude). Par conséquent, au lieu de remédier, comme on l'aurait dû, à l'insuffisance de la formation secondaire, on raccourcit ce véritable enseignement supérieur — ce qui ne saurait qu'en abaisser la qualité. À la vérité, c'est là, poussé à sa limite, le phénomène du « tronc commun », qui prolonge de plus en plus loin le caractère non spécialisé des études. Si le principe est déjà discutable dans l'enseignement secondaire, qui ne voit qu'il est absurde dans l'enseignement supérieur ? Aucun travail de qualité, à un tel niveau, ne se poursuit à la va-vite, ni à la dernière minute. Secondariser l'enseignement supérieur, sous prétexte que le secondaire s'est primarisé, ou simplement affaibli, c'est en supprimer le principe même, et en ruiner inévitablement la qualité.

Enfin, si l'on relit ce texte et que l'on cherche à en préciser les intentions, on peut se demander s'il n'y a pas une certaine confusion entre deux notions : celle d'une « forme d'enseignement » et celle des « informations nécessaires » à l'orientation des jeunes. Qu'ils aient manqué, ces jeunes, d'informations sur les carrières, les chances, les nombres, c'est incontestable et nous avons été nombreux à le dire depuis longtemps. Qu'ils aient ignoré des possibilités qui leur étaient ouvertes, ce n'est pas douteux. Qu'ils n'aient pas connu les charges, les méthodes, l'intérêt général et les avantages pratiques des divers métiers, cela saute aux yeux. Et il était urgent d'y remédier. Mais est-ce l'affaire de l'enseignement supérieur ? C'est l'affaire de centres pratiques, cela requiert des brochures, des conférences, des visites, qui peuvent d'ailleurs s'adresser à des jeunes de terminale au moins autant qu'aux bacheliers. Le choix d'une carrière n'est jamais fait assez tôt et la multiplication de gens semi-cultivés, indécis et tâtonnant, n'est bonne ni pour les individus ni pour la collectivité. Mais quel rapport avec la « forme d'enseignement » donnée après le baccalauréat ? Une école professionnelle, disions-nous. Mais qu'est-ce qu'une école professionnelle destinée à des gens qui n'ont pas choisi leur profession ? On tombe un peu dans l'absurdité. Et sans doute il serait facile de dire que je force les choses, que j'invente l'absurdité et que le danger pour l'enseignement supérieur est insignifiant. Voire ! Je ne crois pas me tromper en reconnaissant, dans ce désir de changer la « forme d'enseignement », une vieille rancune de ceux qui ne savent pas contre ceux qui savent, des assistants chargés d'enseignements pratiques contre le professeur et son cours magistral. Car ce n'est pas la première fois que l'on voit, dans l'enseignement supérieur, le savoir théorique reculer devant l'information pratique. Qui les donnerait, ces enseignements susceptibles de faciliter le choix d'une carrière ? Pas les professeurs spécialisés, bien entendu. Et en quoi consisteraient-ils, ces enseignements d'une nouvelle forme ? Pas en savoir, pas en science, pas en découverte des merveilles de l'esprit humain et des moyens de le mener plus loin encore, c'est trop évident. L'enseignement supérieur, soumis à ces nouvelles finalités, risque donc — ou est donc assuré — de perdre tout ensemble son niveau désintéressé, son déploiement dans la durée, et la spécificité même de son contenu et de son personnel.

Oh ! je sais : on me répondra : « Mais ce sont les années préliminaires... » Exact ! Ce sont les années qui appartenaient à l'enseignement supérieur et qu'on lui dérobe. Et en outre, dans ce domaine écourté qu'on lui laisse, et qui sera trop bref, a-t-on pensé aux genres d'esprit qui auront été ainsi formés, adoptant des perspectives pratiques, éparpillées, superficielles, au moment d'aborder les études théoriques, spécialisées, approfondies ? Non, vraiment, la qualité de l'enseignement supérieur n'y gagne pas : à vrai dire, elle perd sur tous les tableaux.

Mais ces dangers, si graves qu'ils soient, pourraient sans doute être évités, à coups de négociations et de correctifs, et grâce à des bonnes volontés réciproques, s'il ne s'agissait que de conséquences accidentelles, insuffisamment prévues ou dénoncées. Or je crains bien que le débat ne soit beaucoup plus profond qu'il n'y semble, et qu'en fait il ne vise la démarche même de tout enseignement destiné à former les esprits, qu'il soit secondaire, supérieur, ou semi-supérieur. Ce débat se joue entre l'actuel et l'inactuel, entre l'expérience et la théorie.

Comme le texte dont on a cité quelques phrases le dit de façon formelle, il s'agit « que chaque enseigné cesse d'être désorienté face aux événements qui font l'histoire du monde ». C'est reconnaître fort justement qu'il y a en ce moment une crise des esprits et des consciences, que les jeunes ne comprennent pas le monde qu'on leur propose, tirent de sa complexité du découragement, de sa mobilité un profond scepticisme, de son évolution accélérée un sentiment de désarroi. Peut-être ne sont-ils pas les seuls dans ce cas, si l'on en juge par la littérature. Et peut-être ces sentiments sont-ils plus que compréhensibles, au rythme où vont les choses. Que toute éducation, de l'enfance jusqu'à la formation la plus haute, vise à y remédier me paraît raisonnable et même impératif. Le désaccord commence lorsque l'on envisage les moyens de le faire.

Le monde actuel est complexe, changeant. L'idée du législateur semble être qu'il faut donc faire à ces complexités et à ces changements la plus grande place possible, afin d'y habituer les jeunes en leur enseignant les données : les données sociales, en premier lieu, évidemment, et aussi les données politiques, techniques — en bref, l'actualité. Cela leur plaira plus, les intéressera plus, dans la mesure où l'enseignement rejoindra la presse, la télévision, les débats de la table familiale ou du groupe syndical. Ils ne seront pas désorientés, parce qu'ils seront immédiatement insérés, jetés dans le bain.

Je passe sur ce qu'un tel enseignement peut avoir de politisé et de partisan : c'est là un mal que j'ai déjà décrit. En revanche, je voudrais plaider, de toute mon âme, pour une démarche exactement inverse.

Je crois que la force de tout enseignement par rapport aux « événements qui font l'histoire du monde » est d'imposer aux esprits un détour. Si l'on veut s'orienter convenablement, dans une promenade au cours de laquelle on doit retrouver son chemin, il faut prendre, en pensée, du recul. Il faut se retourner, voir d'où vient le chemin que l'on est en train de parcourir et où sont les repères, recourir à une carte, sur laquelle le paysage confus, masqué de buissons et d'arbres, d'ombres et de creux, se ramène à un tracé schématique, couvrant un horizon bien plus étendu et qui soudain rend compte du paysage. Il en va de même dans les choses de l'esprit.

Complexe, notre société ? Ô combien ! Mais dans ce cas pour l'appréhender, pour la comprendre, pour en comprendre les problèmes et les tendances, il faut précisément faire le détour et apprendre à connaître d'autres sociétés plus simples. J'ai l'air en disant cela de présenter, une fois de plus, un plaidoyer pour le grec et le latin. En un sens, c'est parfaitement vrai. Je reste convaincue que l'on comprend mieux la collectivité qu'est l'État quand on connaît la cité grecque, avec les dévouements qu'elle suscitait si largement et les crises qu'elle traversa et surmonta, que l'on comprend mieux les relations entre les pays quand on a pratiqué la relation toute simple qui s'établit au niveau de deux cités de régime politique différent et luttant pour la suprématie, ou bien entre des cités grecques et un envahisseur barbare. Après tout, si l'on ne cesse de découvrir, dans la littérature grecque, « l'actualité » de tel passage ou de tel autre, cela n'est point dû au hasard de situations qui se répéteraient, mais au fait que des situations simples, analysées avec rigueur, fournissent divers schèmes d'interprétation susceptibles d'être appliqués à des situations plus complexes. Je crois aussi que, dans l'ordre des conduites humaines, les problèmes peuvent être posés avec une force accrue, lorsque se découvre, au niveau de la famille ou de la cité, le premier exemple éclatant d'un dilemme humain : la mort d'Antigone et la mort de Socrate aident à comprendre l'héroïsme et à le sentir dans sa simplicité absolue. Je plaide donc bien pour le grec et le latin. Mais pas seulement. Je plaide pour tout ce qui est lointain, différent, et pourtant humain. Je plaide pour la sociologie, je plaide pour l'histoire, je plaide pour tout ce qui n'est pas notre temps, pour tout ce qui lui ressemble et en diffère, pour tout ce qui nous donne, je le répète, du recul.

Et ce qui est vrai de la complexité du monde actuel l'est aussi pour le changement accéléré que connaît aujourd'hui notre civilisation. On dirait que le progrès scientifique et technique s'est emballé, que l'évolution sociale et les transformations morales se sont précipitées à un rythme sans précédent. Ma petite maison de Provence devait être, il y a quarante ans, une maison tenue pour confortable et moderne, voire raffinée. Or les jeunes qui y viennent croient un peu visiter une maison médiévale. Pourtant, au cours de ces quarante années, nous pensions l'avoir modernisée. Nous avions désormais l'eau sous pression, les tuyaux plastiques, les asperseurs... Les jeunes croient avec peine que cela n'existait pas, que l'on se débrouillait avec des petits canaux et des vannes, comme dans l'Antiquité ! Mais, inversement, la génération d'il y a quarante ans serait encore plus ahurie devant ces jeunes couples, dont l'union est instable et instable le gagne-pain, qui travaillent pour quelques semaines, à n'importe quoi, quand ils ont besoin d'argent, circulent en stop, et partent soudain vers le Grand Nord ou bien vers Chypre... Et cependant je suis la même personne, assise sur la même terrasse, et il me semble qu'il ne s'est guère écoulé de temps... Ces jeunes, qui sont d'ailleurs fort gentils, se sont mis au rythme du changement universel. Qu'est-ce qu'aller dans le Grand Nord quand d'autres s'en vont dans la lune, ou que changer de copain quand d'autres changent de sexe ?

Seulement ces changements, dans le domaine moral du moins, peuvent avoir un aspect grave qui intéresse l'enseignement : ils peuvent en effet susciter le désarroi. Quand tout change, on ne sait plus très bien à quoi ou à qui se retenir. Parce que tout change, on condamne ce qui est venu avant. Parce que tout change, on ne croit plus ni aux valeurs d'hier, ni à celles d'avant-hier, et peut-être pas à celles de demain. Parce que tout change, on ne sait plus si ce qui était bien hier l'est encore, si ce qui était mal hier présente un risque ou un inconvénient. On flotte, on s'étourdit, parce que, dans cette grande marée du temps présent, toutes les amarres ont lâché.

Je ne vois aucun moyen d'aider les jeunes à trouver leurs valeurs ni leur voie : c'est à eux de le faire. En revanche, du point de vue intellectuel, je crois que l'enseignement peut les aider — à condition qu'il s'attache à l'intemporel et non à l'éphémère.

Même la littérature d'avant-garde, où le réel se pulvérise en phrases inachevées, en voyages ou en coucheries, se réclame tout à coup d'une phrase de Shakespeare, d'un passage de Bach, d'un tableau à jamais fixé dans sa forme conquise. Même cette littérature, si elle vaut quelque chose, s'ancre dans le durable. Et pourtant sa fonction est d'exprimer le plus fuyant, et celle de l'enseignement est inverse.

C'est vrai : il s'agit de l'enseignement. Tout se tient de si près que j'allais l'oublier. Et pourtant il est clair qu'en ce domaine-là, le dossier du durable est plus facile à plaider qu'ailleurs.

D'abord la modernité a ceci de fâcheux qu'elle

passe. On a depuis quelque temps découvert qu'il serait pratiquement plus utile d'étudier l'anglais dans le *Times* que dans Shakespeare et l'allemand dans le *Berliner Tagesblatt* plutôt que dans Goethe — trop heureux encore quand il s'agit de journaux sérieux et non de publications adonnées à l'argot ! Mais imaginez seulement un esprit nourri des problèmes, des idéologies, des vocabulaires de la presse d'il y a dix ans ! Et imaginez l'argot d'il y a dix ans ! Il y aurait de quoi rire. Ce serait pis assurément que pour les jeunes et ma maison de Provence ; car le vocabulaire et les idéologies se périment plus vite que les maisons : pas de doute là-dessus ! On débouche donc sur un enseignement tourné vers le pratique, mais voué à l'inutilité, et tourné vers le modernisme, mais déjà, demain, périmé. Et, indirectement, cet enseignement ne fera qu'aviver l'effet de désarroi dû au rythme du changement en général. Le jeune qui avait étudié Shakespeare faisait peut-être rire les chauffeurs de taxi londoniens, mais il avait acquis des images, des symboles, des vers, des reflets d'amour ou de désespoir, dont il pouvait soudain éclairer son expérience et rehausser sa réflexion. Je n'exige pas Antigone ou Socrate, je m'arrange très bien de Hamlet ou de Faust.

Cette armature de l'esprit et ces jalons du cœur, dont les classes de première supérieure fournissaient un exemple accompli, nul ne les a évoqués de façon plus charmante que Giraudoux, quand il écrit qu'il ne pouvait voir une pauvre vieille sans penser à Hécube ou un bossu sans penser à Thersite. Or c'est grâce à cette formation hors du temps qu'il a écrit les pièces les plus modernes qui soient. Car c'est une grande force, en vérité, que d'être hors du temps : de vivre dans les idées, dans le contact avec des auteurs de pays divers et de temps lointains, qui sont très différents et qui pourtant vous touchent, donc vous ressemblent. Cela fortifie, cela aide. Cela vous forme comme les voyages forment la jeunesse. Cela vous aide à jauger les « événements qui font l'histoire du monde » comme y aide la vue des ruines, des temples, des palais, dont, au demeurant, chacun recherche avec passion la connaissance.

Serait-ce qu'il faut à tout prix se tourner vers le passé ? Évidemment non ! Mais il faut, à l'aide du passé, de sa permanence ou de son altérité révolue, sortir du temps présent, ou mieux encore : sortir du temps. Pour maîtriser le temps par l'esprit, il faut grâce à l'étude se placer en dehors et au-dessus. Alors seulement le retour au présent se fait dans la clarté et prend un sens. Alors seulement on peut n'être pas « désorienté ». Pour voir comment vont une plante, un animal, un homme, il faut avoir observé comment ils étaient hier, comment étaient ceux qui avaient le même mal ou le même régime. Autrement, les feuilles qui tombent vous laissent « désorienté ».

Encore n'est-ce pas tout, car la connaissance digne de ce nom ne va pas par rapprochements confus glanés au cours de l'expérience. Et une autre forme de détour permet seule d'en assurer les bases : il faut passer par la théorie, par l'abstraction, et par l'idée.

Je sais bien que cela sonne un peu trop platonicien et qu'il serait plus adroit d'éviter le mot « idée » : on se sera peut-être aperçu que je ne poursuis pas ici l'adresse. Autrement parlerais-je de l'abstrait et de la pensée ? Rien n'est moins à la mode. On aime la sensation, le geste, les choses, la peau, le bruit. Et nul ne saurait s'en étonner. Le changement et le sensible vont ensemble. Et tous deux vont avec le renoncement à comprendre. Le concret, les données de fait multiples, les connaissances éparpillées, le miroitement des sensations subies : voilà précisément ce qui « désoriente ».

Je ne serais pas éprise de la culture qui a donné au monde *l'Iliade* et *l'Odyssée* si je n'avais pas le sens, moi aussi, du concret. Mais la merveille de la Grèce est d'avoir fait coïncider l'un avec l'autre, d'avoir fait vivre des personnages, présents et vivants, sur une scène de théâtre, cela tout en plaçant en face d'eux un chœur d'hommes ou de femmes étrangers à l'action, cherchant à comprendre et à faire comprendre ce que l'action en cours signifiait pour l'homme. Et la merveille de la Grèce est aussi, après avoir donné au monde Homère, de lui avoir donné la philosophie : la philosophie, c'est-à-dire la réflexion abstraite, générale, qui réclame le pourquoi de tout.

On devine où je veux en venir ? Les signes de la crise actuelle concordent si parfaitement entre eux que la même démarche se reconnaît partout ; et le fait est que l'on a voulu, depuis quelques années déjà, supprimer la classe de philosophie. Cela allait dans le même sens que tout ce que j'ai dit. On ne voulait plus de l'abstrait, on ne voulait plus de l'intemporel, on ne voulait plus de ce qui n'était pas concret, actuel, sensible. Et là où l'on enseigne la philosophie, savez-vous ce que l'on enseigne ? Eh bien ! ce qui est le plus récent et le plus directement lié à l'expérience concrète ou à la vie pratique : la psychanalyse et le marxisme. Ô Descartes, ô Kant, vous n'êtes plus à la page ! Et de ma Grèce on retient surtout Héraclite, parce qu'il a dit que tout s'écoule — et parce qu'il est obscur.

Ceci n'est qu'un indice : je ne me plains certes pas que l'on apprécie Héraclite. Le vrai point noir est que l'on apprécie si peu la philosophie en tant que telle, sous tous ses aspects, et principalement sous les plus abstraits. C'est aussi que l'on refuse d'en voir le sens au sein des études, même pour ceux qui ne seront pas philosophes de profession.

À quoi cela sert-il donc, ce détour par l'abstrait ? À penser, tout simplement. À penser avec fermeté, prudence, cohérence. À penser en distinguant les notions de façon rigoureuse. À penser selon la logique. À poser des questions, à distinguer la faiblesse des réponses, à reconnaître dans une démonstration le chaînon manquant. À repérer sous ce qui se dit une tradition, une doctrine, ou un sophisme. Et tout cela est ce que l'on fait constamment, dans tous les domaines de la recherche et dans toutes les activités, fussent-elles les plus pratiques.

J'ai dirigé au cours de ma vie bien des mémoires de grec : si le candidat était passé par une première supérieure et avait, après le baccalauréat, pratiqué pendant au moins deux ans cet entraînement philosophique, je savais que son mémoire, quel qu'en soit le sujet, aurait de la rigueur intellectuelle et conduirait à des conclusions. Dans le cas contraire, c'était — ou c'était souvent — ce que l'on appelle de la bouillie pour les chats. Et pourtant je tentais toujours de donner les sujets les plus dignes de réflexion aux candidats les mieux armés. On me dira peut-être que cela est surtout vrai du grec, car les auteurs grecs, en ce temps d'indivision, étaient tous plus ou moins philosophes. Je ne le nierai pas. Mais ce n'est pas la vraie raison. On peut donner le sujet le plus concret qui soit — disons, par exemple, « les animaux dans le théâtre d'Euripide » — et il est clair que, plus l'auteur du mémoire saura se poser de questions et recourir aux comparaisons, plus il aura de chances de débusquer des remarques intéressantes. Il pensera que les animaux ont parfois valeur religieuse et s'informera sur l'histoire comparée des religions : il pensera que la différence entre l'homme et l'animal est caractéristique d'une certaine idée de la civilisation, et qu'en revanche les traits humains prêtés aux animaux reflètent une morale... J'invente, et je pourrais inventer bien d'autres questions : toutes peuvent faire jaillir une découverte ; toutes supposent le détour par l'abstrait, toutes sont fonction d'un entraînement de l'esprit en ce domaine.

Or cela se retrouve au cours de toute la vie : n'admettons-nous pas que, si l'on ne veut pas être « désorienté face aux événements qui font l'histoire du monde », il faut pouvoir faire intervenir, de façon moins technique mais non moins ferme, les mêmes démarches ? Même le marxisme, puisque marxisme il y a, est, dans son principe, une philosophie. Même une société complexe et changeante, puisque tels sont les traits de la nôtre, se définit par des principes et des valeurs, se juge avec des concepts et se comprend par des comparaisons et des théories.

Et si les textes officiels que j'ai cités se plaignent que les élèves des lycées aient perdu la faculté de raisonner de façon cohérente, s'ils vont jusqu'à voir dans ce mal une menace contre le rationalisme (rapport Prost, p. 30 et p. 45), on peut au moins se demander si ce fameux détour par l'abstrait, qui me semble aussi essentiel pour le secondaire que pour le supérieur, n'est pas justement ce qui naguère y remédiait et pourrait encore y remédier demain. L'analyse grammaticale des phrases, l'analyse intellectuelle des textes, la traduction méthodique, les raisonnements mathématiques, la philosophie sont justement ce qui forme à cet art de raisonner, sans lequel aucune connaissance n'a plus d'utilité.

Mais voilà : ce détour paraît superflu à beaucoup, et pour des raisons très diverses, qui toutes ont pu, de près ou de loin, jouer sur les nouvelles perspectives proposées à l'enseignement supérieur.

J'en indiquerai deux.

Il y a d'abord la pression matérialiste. On en rencontre l'effet chez les élèves, chez les parents, et même chez certains enseignants.

On aime, ces temps-ci, interroger les goûts des élèves et des parents. On en retient que beaucoup d'élèves déclarent ne pas aimer aller en classe et l'on en tire la conséquence qu'il faut réformer la classe. Il faut, certes, tenir compte de cet état d'esprit et tenter d'y remédier ; mais faut-il trop lui accorder ? Les mêmes élèves n'aiment pas non plus se brosser les dents ; or, même s'ils ne le savent pas, il est bon pour leur avenir de le faire. De même une bonne moitié des parents (des sondages l'ont dit et les chiffres ont paru dans la presse, puis dans les rapports du Ministère) se plaint que l'école ne mène pas leurs enfants à une profession et ne les prépare pas bien à vivre dans une société moderne. Le savent-ils, ces parents ? Peut-être les difficultés économiques sont-elles plus en cause que l'éducation reçue. Et peut-être l'absence de formation morale est-elle plus en cause qu'un excès de culture.

Cependant je ne saurais condamner ni les uns ni les autres, appelés à juger ce qu'ils ne connaissent que du dehors. En revanche, il est un autre facteur, plus pénible à supporter : l'ironie facile de ceux qui touchent, de près ou de loin, à l'enseignement, mais ont peu pratiqué la culture : ceux-là n'en voient que la gratuité apparente ; et le plus facile est pour eux de juger périmée une recherche de la vérité qui ne mène pas de façon immédiate à un profit tangible. Les ennemis de la culture sont ceux qui l'ont côtoyée sans l'avoir. Et il ne faut pas s'y tromper : ni les enfants ni les parents ne réagiraient comme ils le font, si cette dérision arrogante n'avait trouvé à pénétrer trop souvent, non seulement les médias, mais l'enseignement même et l'esprit que les nouvelles institutions risquent d'y instaurer. Les réglementations se fondent sur l'opinion des utilisateurs ; mais qui dira jusqu'où elles l'inspirent et l'orientent ?

Ces opposants à la culture trouvent d'ailleurs une aide imprévue dans les modes intellectuelles de notre temps, qui, vues du dehors tout au moins, ne prédisposent guère au respect de la vérité ni aux efforts qu'exige sa poursuite.

Ce facteur-là est moins évident : c'est pourquoi je voudrais m'y arrêter un moment ; car il fait apparaître une crise profonde dont nous souffrons, et à laquelle le progrès même de la recherche prête une apparence de justification. C'est la seconde raison expliquant l'attitude de refus que j'ai mentionnée. Et elle nous mène à une désaffection qui concerne, cette fois, non plus seulement l'enseignement et son utilité, mais l'idée même de vérité.

C'est qu'elle a subi bien des coups, cette idée, avec les orientations nouvelles de la recherche ! Même les sciences pures, ou, comme on dit, exactes, ont été secouées et renouvelées par le principe de relativité. Et l'analyse des phénomènes, l'arithmétique, la géométrie, la physique, la chimie se sont bientôt révélées, aux yeux des vrais savants, comme une des lectures possibles de l'univers, alors qu'il y en aurait beaucoup d'autres. De même les progrès de l'astronomie et de l'astrophysique ont mené les savants au seuil de l'incompréhensible, de ce qui n'a pas de sens pour notre entendement. Einstein avait ôté toute rationalité au temps : l'astrophysique nous laisse devant une antimatière et un « envers du monde », qui déroute notre raison, radicalement. Et je ne parle pas de ces aventures au sein même des cellules vivantes dont la science moderne décrit désormais la folle complexité, presque les passions, presque la liberté. Le résultat est, bien évidemment, que l'on ne peut plus penser, philosophiquement, comme avant ; mais c'est aussi, dans la pratique et de façon indirecte, une perte de confiance dans la raison et dans la vérité. Raison et vérité sont relatives, limitées, et constituent des conventions plus que des absolus.

La même orientation se retrouve dans les sciences humaines, mais elle y a des conséquences beaucoup plus graves. On peut en effet accepter sans trop de peine des limitations et une relativité liées à la condition de l'homme en face des mystères de l'univers ; mais les sciences humaines, dans leurs développements récents, ont introduit cette relativité dans des domaines multiples, où elle ébranle tout.

La grande nouveauté et le grand succès du XXe siècle est en ce domaine la sociologie. Elle impliquait des curiosités, des enquêtes, des moyens d'information, qui n'existaient pas auparavant. Et elle n'a pas fini de nous apprendre la relativité des usages humains, des valeurs et même des concepts. Du coup elle nous a appris aussi que notre propre pensée était pour une très large part fonction de la société dans laquelle nous vivons et dont nous adoptons naturellement les valeurs, les mots, et les croyances. Relativité ! Voilà que chaque philosophe, s'imaginant chercher le vrai, traduit seulement les structures mentales de la société à laquelle il appartient !

Mais il y a plus ; car la sociologie, contemporaine du marxisme et de la doctrine de la lutte des classes, n'a pas tardé à appliquer la même façon de voir — fort légitimement — à ces microsociétés que sont les classes sociales et les partis. On a appris à rechercher et à discerner ce que chaque écrivain ou chaque penseur doit au milieu auquel il appartient ou bien a jadis appartenu. On a appris à faire la part des conventions de ce milieu, dont l'auteur, lui, n'avait pas conscience, et à mettre ainsi en lumière la part de distorsion inévitable qu'il apporte dans ses jugements ou ses témoignages. Et, comme cela était nouveau, et important, on a bientôt considéré que l'œuvre même de cet auteur était plus intéressante encore par ce qu'elle révélait de cette société, de ce milieu, et de cette époque, que par ce qu'elle apportait de personnel et d'intemporel. Les mentalités ont pris le pas sur la création propre et les idéologies sur les idées. De fait, qu'elle le veuille ou non, on a découvert que toute pensée était engagée, et se ramenait à cet engagement, fût-il inconscient...

S'il s'agit d'engagement politique, le fait est déjà un peu accablant, et il n'est pas vraiment scientifique ; mais l'appartenance à une société et à un groupe social n'est pas tout ! L'auteur qui va s'exprimer utilise un langage et des genres littéraires. Or, dans le temps où s'épanouissait la jeune sociologie, commençait d'apparaître la jeune réflexion sur le langage. Là aussi, il avait fallu une expérience élargie, des comparaisons multiples, et la découverte de différences dans la structure des langues, qui touchaient véritablement la pensée. Cette science admirable de notre siècle, la linguistique, n'étudia donc pas seulement les familles de langues et leur explication historique, mais la théorie de la langue, de ce qu'elle impliquait, et de ce qu'elle imposait à la pensée. La réflexion sur le « discours » — ce mot que je mets entre guillemets tant on se lasse de l'entendre répéter, à tort et à travers — montra donc sa dépendance par rapport à la langue, en même temps qu'à la société. Et la vogue même de ce mot « discours » correspond à l'idée sous-jacente que le contenu d'une affirmation, d'une théorie, d'une œuvre, est toujours marqué par cette double relativité. Ce mot fait référence à des recherches théoriques inattaquables ; mais en même temps il jette le discrédit sur tout ce qui se dit et s'écrit, en mettant plus l'accent sur l'expression et la rhétorique que sur le contenu intellectuel.

À la jonction des deux — la société et la langue — se placent, naturellement, les études relatives aux modes d'expression : les genres littéraires et leurs exigences, le poids du public et l'accueil fait aux œuvres, etc. De même, s'il s'agit de théâtre, la représentation, dans son aspect social, momentané, concret, intéressera plus que l'intention de l'auteur — sauf dans la mesure où celle-ci reflète un état de société. La relativité, une fois lancée, s'installe partout, commande tout...

Mais, si nous remontons à l'époque où s'épanouissaient soudain la sociologie et la linguistique, encore à leurs débuts, nous rencontrons une troisième science, non moins nouvelle, et dont l'influence allait être plus grande encore. En effet, on peut s'arranger du fait que notre pensée soit fonction de la société à laquelle nous appartenons et du langage que nous employons : encore faut-il que cette pensée, malgré toutes ces servitudes, garde quelque valeur intrinsèque et soit au moins l'expression de notre témoignage propre. Or la psychanalyse, une des découvertes de notre temps, vient à son tour jeter un doute sur ce point. L'étude des maladies mentales et, à leur propos, de l'inconscient, a révélé que souvent des sentiments essentiels sont relégués loin de la conscience, et subsistent à notre insu, commandant de loin nos réactions, nos actions, et jusqu'à nos pensées en apparence les plus objectives. Le psychanalyste connaît nos vrais sentiments et nous les ignorons, si sains d'esprit que nous soyons ou pensions être. La valeur scientifique de la découverte est indiscutable. Mais les conséquences lointaines peuvent être graves, si, du coup, la lucidité est niée, les raisonnements frappés de suspicion et le travail intellectuel assimilé à une sorte d'autodéfense aveugle et confusément passionnelle. Sans compter que ce qui est vrai de nous l'est aussi des auteurs, des artistes, des philosophes : vouée à la relativité par sa dépendance à l'égard de la société et du langage, leur pensée l'est aussi, et avant cela, par sa dépendance à l'égard d'un inconscient toujours plus ou moins sexuel et entaché de traumatismes inavoués.

À la rencontre de ces diverses tendances, d'ailleurs, apparaît une autre discipline, aux facettes diverses, qui justement s'occupe de ces œuvres littéraires, en y cherchant non pas ce que l'auteur a voulu y mettre, mais ce qu'il y a mis malgré lui. Le sens s'y reconnaît à des accidents de style : la sémiotique, ou sémiologie, cherche le moyen de découvrir ces accidents et de les exploiter. Certes, c'est une méthode. Certes, c'est une forme de vérité sur l'œuvre. Mais quelle vérité ? Une vérité que l'auteur a ignorée et qu'il renierait de toutes ses forces, une vérité qui nous renseigne sur lui, ou peut-être sur la psychologie humaine, mais non pas sur ce qu'il a cherché et cru trouver : c'est une vérité comme celles de la sociologie, qui traite les œuvres comme des témoignages et des repères, mais non comme des jalons marquant, de façon directe, la quête commune vers une compréhension élargie de la vérité.

On conçoit que, devant cette soudaine efflorescence de découvertes et de disciplines nouvelles, diverses formes de scepticisme se soient subrepticement propagées.

Je ne m'inquiéterais guère du scepticisme authentique, né de résultats sérieux, et qui en effet apporte d'utiles barrières à notre naturel désir de tout croire vrai sans plus d'examen. Tenir compte des contraintes de toute sorte qui pèsent sur la pensée est excellent. Et il est clair que, passé le zèle premier des découvertes, on ne tarde pas à retrouver le rôle de la pensée, à tous les niveaux.

Après tout, les diverses dépendances qui pèsent sur un écrivain ou sur un penseur n'empêchent pas qu'il reste le seul, à une époque donnée et en un pays donné, qui ait écrit ce qu'il a écrit. Ce qui n'exprimait que l'époque et la mode a péri, sans laisser de trace. Et tous les hommes marqués par des traumatismes enfantins n'ont pas pour autant élaboré ni la même philosophie ni la même œuvre d'art.

D'autre part, il serait absurde de croire que le zèle des disciplines nouvelles peut se passer de la rigueur. À l'intérieur de tout système, il y a du vrai et du faux, des démonstrations justes et des erreurs, des conclusions prudentes et imprudentes. Einstein a établi la relativité du temps et de l'espace, mais il n'aurait pas admis une erreur sur le calcul d'une durée ou d'une distance. En sociologie, en linguistique, en psychanalyse, en sémiotique, il existe du vrai et du faux. Pour toutes les disciplines, par conséquent, la rigueur et le raisonnement droit sont nécessaires : elles sont aussi nécessaires pour les vérités nouvelles que pour l'ancienne Vérité.

En revanche, je m'inquiéterais davantage des conclusions hâtives que suscitent toutes ces découvertes dans un public imparfaitement averti. Car les gens retiennent surtout l'impression de certitudes qui lâchent, de nouveautés qui ruinent tout ce qui précédait, et d'un jeu plus ou moins gratuit auquel peut jouer n'importe qui.

C'est là une réaction normale, habituelle dans toutes les périodes où un esprit nouveau secoue les vieilles habitudes. J'en citerai pour exemple l'extraordinaire effervescence qui se développa à Athènes, à la fin du ve siècle avant J.-C., avec l'arrivée de ces professeurs illustres qui s'appelaient eux-mêmes, sans aucune nuance péjorative, les sophistes. Ils battaient en brèche l'ancienne éducation, lançaient une pensée neuve, centrée sur l'homme, sans les dieux, enseignaient l'art de raisonner, de plaider, de discuter sur tous les sujets. Le résultat fut un engouement sans pareil : tout le monde imita leurs procédés ; et l'on utilisa leur influence au service d'un amoralisme déclaré. On se moquait parfois d'eux et on les attaquait, dans la comédie par exemple ; mais ces moqueries mêmes faisaient partie de leur vogue.

Et puis, au siècle suivant, surgit Platon. Et Platon réfléchit sur les reproches que son maître Socrate faisait aux sophistes. Sur quoi, après avoir vu les mille désordres de la fin du siècle et la mise à mort injuste de Socrate, voici que Platon consacra sa vie entière à montrer que ces sophistes n'enseignaient pas ce qu'il eût fallu. Ils allaient trop vite. Ils visaient au succès pratique et immédiat. C'étaient des charlatans.

Ce n'étaient pas des charlatans ; et Platon lui-même est, à son tour, injuste dans sa réaction contre une mode dont les conséquences morales dépassaient de beaucoup l'enseignement des maîtres. Mais l'important est qu'il y ait eu cette réaction : l'exemple prouve assez que les modes et leurs excès n'empêchent pas le dialogue entre des idées de se poursuivre, la vérité elle-même de se nuancer, de se cerner, de se renforcer. Il n'y a même rien au monde de plus beau que cette conquête incessante, poursuivie à coups de chocs successifs et successivement surmontés.

Cela implique seulement que, pour créer ces chocs et pour les surmonter, il faille des esprits toujours plus entraînés à la rigueur et à la précision. La nature des découvertes et des orientations du dernier demi-siècle, ainsi que les malentendus possibles auxquels prête leur utilisation abusive, imposent donc, en fin de compte, un renforcement des entraînements de la culture, une information d'autant plus étendue, et des habitudes critiques d'autant plus aiguisées.

Il est temps en effet d'en revenir à l'enseignement. Je recommande les détours : je viens d'en faire un de taille. Mais je ne crois pas m'être écartée beaucoup du sujet, qui est la finalité de l'enseignement.

Pour le secondaire, déjà, on oublie trop facilement qu'il s'agit de former des êtres humains, de leur apprendre à raisonner, à s'exprimer, à se comprendre les uns les autres. On oublie qu'ils auront besoin, toute leur vie, d'avoir appris le sens de la vérité et de la rigueur, celui de l'honnêteté et de l'effort, celui de la patience et du respect d'autrui. Oubliant cela, on les jette en plein modernisme ; on les confronte aux auteurs et aux hommes de notre temps, qu'ils ne peuvent évidemment ni situer ni dominer ; on privilégie, non pas la solidité de l'esprit, lentement acquise et renforcée, mais la créativité — comme si n'importe quelle création ne réclamait pas, d'abord, le sens d'une tradition. On veut les adapter au monde, et non pas à la vérité.

La même finalité ne saurait être absente du supérieur, car il prépare lui aussi à la vie. De plus, il prépare à la recherche, qui exige des esprits bien armés. Or jeter les jeunes étudiants, directement, dans la complexité et la mouvance du monde moderne postule que la préparation conceptuelle, la formation des esprits et le détour par l'intemporel sont des précautions inutiles. Ces précautions sont, pour ces jeunes, la condition même de leur stabilité morale et de leur fécondité intellectuelle. Par là elles assurent la qualité de leurs activités futures, et celle de leur recherche.

C'est bien pourquoi, dans le domaine des lettres tout au moins, on peut être vivement alarmé de voir l'urgence pragmatiste l'emporter sur la culture. Au lieu d'enseigner à penser, on veut mettre les êtres en état de réussir le plus vite possible dans la vie pratique. Au lieu de fournir des bases, on met l'accent sur toutes les disciplines du présent, alors qu'il conviendrait d'enseigner en même temps ce qui peut aider à en contrebalancer les dangers et à en mieux situer l'acquis. Bref, on fait exactement ce qui peut le mieux aboutir à ce que ces jeunes soient « désorientés face aux événements qui font l'histoire du monde ».

« École » vient d'un mot grec signifiant « loisir ». L'étude doit être la pause féconde et enrichissante où l'on s'arme pour la vie et pour la réflexion, et où l'on entre en possession de tout un trésor humain, que plus tard on n'aura plus, en général, ni le temps ni l'occasion de découvrir. Peu importe que les jeunes, au sortir de l'Université, soient un peu hors du temps, un peu trop entourés d'amis tels que Socrate ou Descartes, Antigone ou Ruy Blas, Virgile ou Rimbaud : la télévision , la radio, le cinéma, rétabliront toujours bien assez vite l'équilibre. Mais si ce sont juste de petits énarques ou de petits syndiqués bien au courant des dernières réglementations et du cours des monnaies, qui rétablira l'équilibre ?

Socrate n'est plus là ; mais j'aimerais bien rappeler à ceux qui sont si pressés de jeter les jeunes dans les débats d'actualité la façon dont ce vrai professeur retenait le jeune Alcibiade, que le monde politique attirait si fort et qui se sentait si bien armé pour y réussir. Alcibiade veut conseiller les Athéniens à l'Assemblée ? À quel titre ? Parce que, dit le jeune homme, il s'agit de questions qu'il connaît mieux qu'eux. Et qu'a-t-il donc appris, qu'il sache mieux que les autres ? Il a appris à lire et à écrire, à jouer de la cithare, à lutter... Dans quel cas, avec un tel bagage, jugera-t-il bon d'intervenir ? Pas dans les problèmes qui relèvent d'une connaissance technique précise, bien entendu. Alors, dans les questions de politique générale ? Mais où a-t-il appris ce qui est juste ou bien injuste ? Il ne l'a appris d'aucun philosophe et ne saurait l'avoir trouvé tout seul, car il ne l'a pas cherché. S'il veut jouer un rôle, et un rôle utile, il faut qu'il prenne soin de lui-même, qu'il apprenne à se connaître lui-même, qu'il acquière la justice et la sagesse... Après un long dialogue, le jeune ambitieux est conquis : « En tout cas, c'est décidé : je vais commencer dès à présent à m'appliquer à la justice. »

Le plus beau des détours, en vérité ! Mais Alcibiade ne l'a pas fait ; il s'est jeté dans les événements qui faisaient le monde d'alors : il a été stratège, puis condamné, il est passé à l'ennemi, a vécu à Sparte, puis en pays barbare, a été rappelé à Athènes, et pour finir est mort comme un fugitif, en Asie, abandonné de tous. Il eût mieux fait d'écouter Socrate.

Pour tout, il faut du temps, et des exercices austères. Il en faut pour le piano, pour la danse. L'enseignement supérieur a lui aussi besoin de temps et d'exercices austères. Il a besoin de ce qui paraît inutile et inactuel. C'est cela que l'on appelle la culture, au sens actif du terme. Cultiver un arbre, ce n'est pas le transplanter déjà chargé de ses fruits, propres à être consommés, et puis le laisser mourir ensuite, avant la récolte suivante.

C'est pourtant là, avec l'égalitarisme et la politisation, la troisième orientation qui se fait jour aujourd'hui, et dont nous aurons tous à payer le prix. Dans la mesure même où elle menace la culture, elle se révèle plus redoutable pour les lettres que pour les sciences : elle nous conduit ainsi tout droit à l'examen de certains cas plus spécifiques, mais non pas moins graves.

VI

LA DÉGRADATION DE LA LANGUE FRANÇAISE

L'Université craque de partout et l'on pourra s'étonner que je m'arrête ici à un problème qui ne relève pas des projets de réforme en cours, ni même vraiment de l'enseignement supérieur. Mais il relève de l'enseignement en général; et il est grave. Il concerne le déclin accéléré du français.

Ce déclin est double. À l'étranger, le français se parle et s'enseigne de moins en moins : en un demi-siècle, à peine, nous l'avons vu disparaître ; et seuls les plus de cinquante ans le pratiquent dans les pays où toute la jeunesse, jadis, l'apprenait. Je suppose que cela est lié au déclin de notre importance nationale et industrielle ; mais on aurait pu le défendre et on ne l'a pas fait. J'ai été nommée, il y a quelques années, au Haut Comité de la Langue Française ; et je m'en suis félicitée, croyant naïvement que tel était le but de son action. Dès la première séance, j'ai été fixée : on m'a clairement signifié que la qualité de la langue n'était pas en question, non plus que la culture littéraire ; il s'agissait — comme partout ! — de marchés et d'économie ; d'autre part, on entendait se battre au niveau des règlements appliqués dans les assemblées internationales, à la rigueur dans les congrès et les publications ; mais on ne s'interrogeait nullement sur le problème d'ensemble ni sur les causes de ce déclin.

Or, de toute évidence, le français, à l'étranger, ne peut se défendre à l'heure actuelle que comme langue de culture, représentée par ses écrivains, passés et présents : chacun exporte ce qu'il a. En renonçant à défendre, en France, le français comme langue de culture, et dans sa rigueur même, on se condamne à d'absurdes escarmouches d'arrière-garde sur le plan international.

Ce renoncement se voit partout ; et il se voit d'abord dans l'enseignement : le déclin de notre langue y accuse une chute vertigineuse, dont nos classes sont le reflet et qu'elles contribuent à précipiter.

C'est là que réside le mal. Et il ne sert à rien de multiplier les litanies amères sur les fautes de français qui émaillent les propos de notre presse ou de notre radio et les discours de nos hommes politiques : ces fautes n'ont rien de surprenant : elles ne font qu'illustrer le mal qui sévit dans les lycées et collèges ; elles viennent de ce que l'on n'enseigne plus assez le français.

Et voilà ! Rien que pour écrire cela, je vais passer pour réactionnaire ! Le bon français serait-il la propriété de la droite ?

Il ne l'est pas et ne doit pas l'être. Simplement, divers facteurs interviennent, qui aident à jeter le discrédit sur cette idée d'une langue correcte. Il y en a qui se veulent théoriques, d'autres qui se veulent sociaux : les uns et les autres reposent sur la confusion intellectuelle.

Dans l'ordre théorique, ce scepticisme méprisant renvoie à des doctrines historico-sociologiques que l'on invoque à la légère. On s'est aperçu en effet — et ce n'était pas une grande découverte — que les langues ne cessent d'évoluer, que certains usages grammaticaux se perdent, de même que certains mots, et que d'autres habitudes surgissent, en même temps que de nouveaux mots. Une langue vit et se transforme. L'orthographe, de même, change avec le temps. Et l'usage, à l'origine fautif, devient bientôt la règle nouvelle. Par exemple, nous assistons en ce moment à la disparition de l'imparfait du subjonctif. Certains puristes l'emploient encore (et j'en suis) ; mais déjà ils évitent les formes qui se remarquent ; et déjà ils y mettent une pointe d'ironie et de nostalgie, l'employant comme entre guillemets, un peu à la façon des hommes qui mettent, pour dîner, une fleur à leur boutonnière, parce que c'est un bel usage du passé, aujourd'hui périmé... Les linguistes, eux, n'ont point de ces coquetteries : seul compte à leurs yeux un constat de décès. Certains d'entre eux vont même plus loin ; car se fixant l'usage pour seul et unique critère, ils se refusent à établir la moindre différence de valeur entre la langue écrite que l'on nous enseignait naguère et la langue parlée, qui n'en observe plus les règles. Et ils professent que toute possibilité d'expression qui disparaît, si du moins elle correspond à quelque chose qui mérite d'être exprimé, est bientôt remplacée par une autre, qui la vaut.

Or, je n'hésiterai pas à le dire : même sur le plan

doctrinal, cette dernière idée ne tient pas. J'ai passé ma vie à enseigner le grec ancien. J'ai suivi l'histoire de cette langue depuis ses premiers témoignages jusqu'à ses formes les plus modernes. J'ai eu la faveur d'approcher les meilleurs spécialistes de l'histoire du grec, de parler avec eux, de lire leurs travaux. J'ai pratiqué, et enseigné à pratiquer, l'art difficile de la traduction dans lequel se trouvent confrontées les possibilités d'expression de deux langues. Je sais ainsi que cette prétendue égalité entre divers états de langue n'existe pas.

Il y a des moments où une langue se différencie, s'affine et développe à fond ses possibilités : le ve siècle avant J.-C., à Athènes, en fournit un exemple qui enchanterait n'importe qui. On voyait alors des maîtres connus qui s'occupaient avec passion à distinguer les synonymes, et aidaient les auteurs à prendre conscience des différences encore incertaines entre mots voisins : cet exercice à son tour séduisait les auteurs, qui le pratiquaient tous ; et la langue devenait ainsi plus souple et plus précise. Un poste de radio ou de télévision peut être plus ou moins sélectif : un langage aussi. De même, les Athéniens du ve siècle avaient inventé, en quantité, des adjectifs en *-ikos* (c'est-à-dire en -ique), permettant de définir les genres et les domaines, de trier, de classer : nous en avons encore beaucoup. La langue se modifiait pour prêter aux analyses. Et je me retiens pour ne pas dire toutes les finesses de la syntaxe, où des formes différentes permettaient de dire, par de toutes petites variations, si une action prenait du temps ou non, si un temps du passé insistait sur la répétition, sur l'achèvement, ou simplement sur l'idée verbale, sans plus, ou bien si une conséquence était considérée dans sa réalité effective ou dans sa possibilité. Et cette incroyable richesse s'enrichissait encore de petites particules, qui ajoutaient une nuance d'ironie, ou d'évidence, ou mettaient l'accent sur un mot, et qui articulaient la phrase en éléments charpentés : il suffisait d'en déplacer un pour que la phrase, amollie et boiteuse, devînt obscure, informe, inintelligible. Que de possibilités ! Quelle gamme variée ! Et quelle palette pour tout exprimer, avec légèreté et clarté ! Oui, dans ce siècle d'essor intellectuel, la langue se faisait, s'affinait et la pensée y gagnait d'autant, ainsi que l'art de suggérer chaque nuance du sentiment. C'était un peu comme ces grandes boîtes de crayons de couleur, permettant toutes les combinaisons, en comparaison du crayon rouge et bleu confié aux petits enfants...

Et puis, tout cela s'est perdu. La langue de la Grèce asservie a bien gagné des mots — les mots de l'occupant, ou les mots des réalités nouvelles qui surgissaient dans la vie concrète. Mais ce bel outil raffiné, complexe comme un ordinateur, peu à peu, s'en alla, en même temps que la lucidité conquérante dont il avait servi les efforts. La langue de Platon et d'Aristote avait cent façons d'atteindre l'abstrait. Les désinences des mots indiquaient tantôt l'action elle-même, tantôt son résultat (la poésie ne se confondait pas avec le poème) ; et surtout cette langue avait toutes sortes de formes d'infinitif permettant de penser l'action, abstraitement. Il y avait un infinitif présent, ou futur, aoriste (c'est-à-dire intemporel) ou parfait (c'est-à-dire révolu)... Eh bien ! le grec moderne, lui, n'a plus d'infinitif du tout. Adieu ce bel éventail de moyens ! Il faut maintenant tourner autrement pour dire les choses simples ; et pour les pensées plus subtiles, force est bien d'y renoncer. Une langue se fait : elle se défait aussi.

Elle peut acquérir d'autres qualités : le grec moderne a bien montré au monde ses possibilités dans le domaine de la poésie. De même telle langue peut avoir des possibilités que telle autre n'a pas : il suffit, lorsque l'on maîtrise bien le français et l'anglais, d'avoir une fois voulu rédiger un article dans les deux langues pour mesurer ce que le français gagne en rigueur abstraite et l'anglais en évidence concrète : les philosophies nées dans ces deux pays auraient pu le suggérer.

Mais ces différences d'esprit n'impliquent nullement que tout état de langue en vaille un autre : elles montrent au contraire combien le lien est étroit entre la langue et la pensée, combien les possibilités de l'une conditionnent l'autre, et, par conséquent, combien est essentiel l'effort pour approfondir les ressources d'une langue.

Il est vrai que l'on peut se passer des riches possibilités que j'ai évoquées pour le grec ancien et que le monde s'est débrouillé depuis. On s'est aussi débrouillé en français quand se sont perdues les possibilités du latin. Notre participe « étant » ou « aimant » est aussi invariable que celui du grec moderne. Et l'on se débrouille. Mais on se débrouille avec des rallonges, des lourdeurs, des obscurités. On se débrouille toujours, mais plus ou moins bien. On se débrouille aussi, quand il n'y a plus de café, avec du gland. A la limite, on se débrouillerait même sans mots, avec des images, et sans langage, avec des gestes.

Mais passons ! Du moment que l'évolution existe (et qui le niera ?), il est secondaire de rappeler qu'elle peut s'exercer en bien ou en mal. En revanche, il faut dire nettement que l'argument de l'évolution n'est qu'une mauvaise excuse, brandie mal à propos. Admettons le renouvellement : est-ce vraiment par les classes, et chez les enfants qui n'ont pas encore la maîtrise de l'instrument, qu'il faut laisser se faire ce renouvellement ? Autant en revenir franchement au parler « bébé » ! Ou autant adopter les usages des étrangers qui ne connaissent qu'assez peu notre langue ! En fait, tout cela est mal pensé. Et on ne saurait arriver à rien si l'on ne part de la double idée qu'une langue, sans doute, évolue, mais qu'à chaque moment de son histoire correspond une codification qu'il faut connaître, maîtriser et respecter. Les lois aussi changent parfois ; mais on doit pourtant obéir à la loi en vigueur, sous peine, pour le pays, d'un chaos complet.

Ne nous inquiétons pas pour ce renouvellement en cours ! Les œuvres littéraires, les médias, le cinéma, sont assez soucieux de peindre la vie telle qu'elle est, et souvent un peu pire : apprendre la langue aux enfants ne risque pas de la figer. Ce n'est pas à ce niveau que se renouvelle une langue : une faute d'orthographe n'est pas une réforme de l'orthographe ni un mot mal compris une manifestation de créativité.

Ne nous laissons donc pas impressionner par ces arguments d'allure scientifique ; ils ne font que couvrir un phénomène dont les sources sont en général beaucoup moins ambitieuses. Elles nous ramènent même à cet égalitarisme facile qui veut que la langue correcte soit suspecte parce que tous ne la parlent pas, et parce que, naguère encore, elle allait avec l'éducation, donc avec la supériorité sociale.

J'ai l'air de prêter à autrui des sentiments mesquins : en fait, je les connais par ma propre expérience. Je parlais bien, jadis. Mais un professeur redoute de paraître distant, soit avec ses élèves ou ses étudiants, soit avec des maîtres plus jeunes. Alors, il affecte de parler comme eux. Il emploie leur vocabulaire. Il copie leurs tours familiers. Et peu à peu il en acquiert l'habitude. Je parlais bien, jadis : cela m'a passé... Plus les fonctions sont hautes et les honneurs teintés de majesté, plus la tentation est grande de se les faire ainsi pardonner. J'entends parfois, sortant de ma bouche, cette fausse familiarité qui se veut geste vers autrui mais est le contraire du respect d'autrui et n'est qu'un mauvais respect humain.

Et puis, ce n'est pas simple désir de contact : l'imitation existe, comme un automatisme. Je mettais aussi très correctement l'orthographe jadis : maintenant j'ai tant vu de fautes, dans tant de copies et même de thèses, que j'écris difficilement sans un petit Larousse à côté de moi. L'orthographe aussi, cela se défait.

La vraie générosité serait juste à l'inverse, surtout quand on a l'honneur et la responsabilité d'enseigner. Ce serait de ne rien laisser passer, d'offrir à ceux que l'on approche l'exemple du meilleur langage possible, de les en juger dignes, au lieu d'admettre au départ que de telles possibilités sont hors de leur portée, et de ne pas agir comme s'il était plus simple d'y renoncer nous-mêmes que de les leur offrir. Curieuse démocratie et curieux sens de l'égalité ! On s'efforce pourtant de guérir même les sourds-muets...

Guérir le mauvais français est une tâche qui en vaut la peine. Répandre l'art de s'exprimer avec précision et la possibilité de communiquer le mieux possible, chasser l'ambiguïté, le malentendu, avec la solitude qui les accompagne, chasser la vulgarité, qui marquera les êtres toute leur vie — non ! ce n'est pas là une tâche secondaire.

Or, si l'on n'y prend pas garde, tous ces dangers sont là, gagnant comme une lèpre.

Les mots, qui étaient notre prise même sur le monde en même temps que notre moyen de communiquer, et entre nous et avec les œuvres du passé — ces mots peu à peu disparaissent.

Je citerai deux cas limites.

L'un m'a tellement frappée que je l'ai déjà cité ailleurs : c'est l'histoire du professeur qui demandait à ses élèves ce que c'est qu'un crucifix. Un seul tenta une réponse, suggérant que c'était « une sorte de tournevis ». Bon ! Tout le monde n'en est pas là ! Mais, que ce soit possible, dans une classe, en France, en 1983, laisse quand même aussi terrifié qu'un cas de peste apparu soudain dans les rues de Paris. L'exemple aide aussi à comprendre combien il est vain de mesurer, avec des chiffres, le nombre de mots connus par des enfants. Car ils ont appris des mots techniques que nous ne connaissons pas ; ils connaissent les tournevis cruciformes. Mais, s'ils ne connaissent plus le crucifix, le français est condamné.

Ou bien voulez-vous des exemples sur l'écrasement du vocabulaire ? Je pourrais répéter l'histoire de cet admirateur d'un chanteur à la mode qui, installé au premier rang, et béat d'extase, disait d'abord que le chanteur « n'était pas con », et à un autre moment s'écriait, charmé : « Ah ! le con !... »

Je ne dis pas que tout le monde s'exprime ainsi ; mais l'écrasement et la confusion du vocabulaire, qui trouvent là leurs cas limites, sont des symptômes présents partout. Dans un texte qu'un élève note en classe, les mots un peu rares ne sont pas reconnus : il écrit des mots qui, à l'oreille, se ressemblent — et qui font une phrase absurde. Ou bien, rédigeant lui-même, il confond les mots de même famille, mais de sens clairement distincts ; et parfois l'on s'en amuse — comme lorsque sont confondus « sensuel » et « sensoriel » ou « luxurieux » et « luxueux ». Mais je ne voudrais pas multiplier ce genre d'histoires et d'exemples. Ils ennuient souvent ceux qui ne sont pas enseignants ; en outre ils sont assez peu probants, car les bourdes sont de tous les temps. Mais surtout une autre raison me retient ; c'est que déjà je me demande si mes lecteurs éventuels seront encore à même de s'indigner, tant le mal empire vite !

Il ne s'agit déjà plus seulement des mauvais élèves des petites classes, mais de tous les élèves, ni des admirateurs un peu frustes de chanteurs qui le sont aussi, mais de nous tous.

Qui plus est, la langue, déjà victime de ces menaces, attachées à l'ignorance et à la facilité, se trouve exposée en même temps à des atteintes en apparence fort différentes, émanant de ceux-là mêmes qui font profession de penseurs. Les intellectuels en effet se sont mis à pratiquer un jargon spécial, qui ressemble à un langage d'initiés, et où la lourdeur abstraite des mots ne vise certes pas la clarté. Allant de « structures » et de « structurations » en « déconstructions », selon des « niveaux » et des « plans », qui définissent des « statuts » et renvoient à des « discours », ce langage qui veut « démythifier » ou même « démystifier », en fait, nous mystifie et nous laisse pantois. Il implique un mépris de la langue commune bien plus coupable assurément que celui des puristes. Et finalement il rejoint le simple abus du langage parlé. Comme lui, il trahit une démission intérieure. Comme lui, il remonte à la décadence des études proprement littéraires dans l'enseignement secondaire et à l'insuffisance de l'entraînement à s'exprimer.

Devant un péril si net, que tout le monde sent plus ou moins, qui étonne les étrangers les plus cultivés, consterne beaucoup de maîtres, et ne cesse d'empirer — devant ce péril, que fait le Ministère ? Il déclare raisonnable de réduire d'une heure hebdomadaire l'enseignement du français dans toutes les classes de collège et en seconde. Il s'appuie pour cela sur l'argument que tout professeur qui enseigne en français enseigne du même coup le français !

On a envie d'ajouter : « sic ». On a envie de s'excuser et de préciser qu'il n'y a là nul canular...

Il faut n'avoir jamais fait la classe à des enfants et n'avoir jamais tenté de leur enseigner une langue, quelle qu'elle soit, pour compter sur un tel remède. À supposer même que le français des professeurs de sciences ou d'histoire soit excellent (et je ne vois pas pourquoi il le serait ou comment il pourrait l'être, à en juger par les enseignants de lettres eux-mêmes et par le commun des adultes) ; ce n'est pas ainsi, et par la simple audition, que s'apprend vraiment une langue. On peut apprendre ainsi à se tirer d'affaire dans la vie pratique. Mais la qualité de la langue, sa rigueur, son exactitude, sa finesse grammaticale et sa richesse de vocabulaire se situent ailleurs, complètement ailleurs.

Et ces qualités s'enseignent. Elles s'enseignent directement par la compréhension des mécanismes d'une langue, en étudiant les fonctions, les formes, les règles. Mais elles s'enseignent aussi par des exercices particuliers de diverses sortes.

Je n'insisterai pas sur celle qui m'est le plus chère, et qui est la traduction. Lorsqu'il s'agit du latin ou du grec et qu'un même professeur enseigne ces trois matières, il est évident que le gain pour le français est considérable, à long et à court terme. Ainsi, l'élève prend peu à peu conscience des possibilités et des limites d'une langue. Cela se fait de façon d'autant plus efficace qu'il s'agit d'une langue plus éloignée du français et où les automatismes jouent moins. Mais déjà, s'apercevoir que l'on a employé un mot quelque peu impropre, ou que l'on n'avait pas tout à fait compris la phrase proposée, constitue un type de découvertes faciles, qui se multiplient indéfiniment au cours d'une seule heure. Et l'effort pour trouver mieux, pour trouver juste, pour serrer la pensée, pour ne pas tomber à côté, devient alors le plus amusant des jeux et le plus stimulant des entraînements. De façon insensible, il enseigne à exprimer clairement ce que l'on a à l'esprit et à comprendre véritablement ce que l'autre veut dire. Cela est facile, vivant, utile. Mais une double condition est requise : il y faut du loisir, donc un nombre d'heures suffisant, et il faut que le souci de posséder à fond le français soit encouragé en haut lieu et non traité par le mépris.

La même condition vaut pour un autre exercice, qui est peut-être encore plus beau, et qui porte sur les textes.

Qui, parmi les orateurs politiques, n'aurait des mots émus pour nos racines, dont nous ne devons pas être coupés ? Qui ne saluerait dans les formes l'idée que nos auteurs constituent une tradition de culture précieuse et que leurs œuvres sont une part de la « mémoire » d'un peuple ? Un grand coup de chapeau s'impose. Et j'avoue que je suis si peu gâtée que j'arrive encore à me réjouir de ces coups de chapeau, comme de promesses. Mais se rend-on seulement compte que la plupart des enfants et déjà beaucoup d'adultes ne comprennent plus les auteurs des XVIe, XVIIe et XVIIIe siècles ? C'est pour cela que, souvent, ces auteurs ennuient. Comprendre leur langue, apprendre le sens des mots, mesurer leurs nuances, leurs réserves, leurs implications : c'est cela, apprendre le français. Et, croyez-moi, le professeur de sciences physiques a beau enseigner en français, il ne parle à coup sûr ni comme Racine ni comme Montesquieu. Ce français-là doit s'étudier. Et la joie des formes devenues familières vient alors doubler celle de la lecture, de la récitation, de la remémoration.

De surcroît, ce français-là éveille au sens de la vie des mots, de leur passé, de leur évolution. Est-ce un hasard si le mot « étymologie », qui désigne le radical d'où vient, historiquement, un mot, signifie, en fait, « exactitude » ?

Les fautes d'orthographe trahissent cette ignorance des racines vivantes d'un mot. L'enfant qui écrit dans sa copie « les malades manteaux » ne fait évidemment aucun lien avec les « mentalités » (et si c'est étourderie, n'ai-je pas raison de demander que l'on soigne à tout prix l'étourderie ?). Celui qui parle vertueusement des bienfaits de « l'hortograf » ne se doute évidemment pas que le mot latin désignant le jardin a donné en français « l'horticulture », tandis que le mot grec désignant la correction et la conformité aux règles y a donné tous les composés en ortho-, depuis l'orthopédie jusqu'à l'orthodoxie. Hélas, trois fois hélas ! Le latin et le grec servaient le français. Ceux qui les ont fait écarter ont porté un coup au français. Ils auraient dû au moins songer à compenser la perte, et attirer constamment l'attention sur les parentés entre les mots et sur leur histoire ! Car, même au sein du seul français, ces mêmes enfants seraient moins surpris de la force du mot « étonner » au XVIIe siècle s'ils y reconnaissaient le tonnerre, et s'ils retrouvaient là le même phénomène d'usure que dans notre emploi des mots « formidable », puis « terrible ».

Par contrecoup, les textes, enfin compris, reprendraient vie.

Il faut l'avouer : c'est cela, pour moi, la merveille. Les œuvres littéraires font le bonheur de ma vie. Les expliquer m'enchante. Vivre en leur compagnie ne cesse de m'enrichir. Et, en vertu d'un phénomène que ceux qui déplorent la difficulté de communiquer ne mesurent pas assez, cela me rapproche aussi, de façon singulièrement étroite, de tous ceux qui les aiment. Peut-être les jeunes, qui s'ouvrent si bien à la culture musicale, comprendront-ils, à travers l'exemple de la musique, ce que peuvent être ces joies, ce que peut valoir le rôle de l'interprète — en l'occurrence le professeur — et ce en quoi la communion autour d'une œuvre rendue claire peut unir entre eux ceux qui y ont participé. Cependant, je ne chercherai pas à dire si je défends la langue française en vue de l'accès à la littérature ou la littérature en vue de la langue française : les deux sont, doivent être, inséparables, et l'étude en est constellée de bienfaits réciproques. De même, je ne séparerai jamais l'étude du latin et du grec de celle des textes de ces langues, ni d'ailleurs le latin et le grec du français.

Mais précisément, ne touche-t-on pas là à un mal plus étendu encore qu'il ne semble au premier abord ? On parle mal français. On lit de moins en moins les classiques. Et si c'était le principe même des études littéraires qui se trouvait frappé de désaffection et menacé dans les institutions ?

Là aussi, les indices sont alarmants et les règlements en vigueur ou en cours d'élaboration sont révélateurs.

Il en est un, en particulier, qui donne à penser : c'est le déclin qui frappe ces études dans l'organisation du baccalauréat. Seules les sciences font l'objet, aujourd'hui, d'un examen fort, et pourvu d'avantages pratiques pour la poursuite des carrières. Jadis, les bons élèves préparaient un baccalauréat A ou A′ (A′ impliquait, de mon temps, l'égalité scientifique : les meilleurs élèves de lettres faisaient aussi des sciences) : à présent les bons élèves préparent le baccalauréat C. Ce n'est pas qu'ils l'aient choisi : on le leur impose, par un certain nombre de règlements qui exigent ce baccalauréat pour quantité d'études supérieures, d'écoles, d'instituts. En vertu d'un paradoxe presque incroyable, on l'exige même pour certaines études d'ordre littéraire.

Cela signifie que l'organisation du baccalauréat oblige tous les bons élèves à devenir des scientifiques même si leur orientation ne les désigne nullement pour devenir de bons scientifiques, et les empêche de devenir de bons littéraires alors qu'ils avaient tout pour le devenir. Un souci évident des débouchés futurs rend le choix des lettres déraisonnable. Je suis une littéraire s'il en fut, mais je n'oserais pas conseiller à un jeune, dans l'état actuel des choses, de passer un autre baccalauréat que C !

De surcroît, il est évident qu'une bonne étude des lettres doit pouvoir comporter l'étude des langues anciennes, dont la connaissance est d'un tel prix, non seulement pour l'étude du français lui-même et pour celle des œuvres littéraires françaises, si souvent nourries de modèles latins ou grecs, mais aussi pour la philosophie, qui ne l'est pas moins, pour l'histoire, qui commence en Grèce, pour le droit, qui part du latin, pour les langues vivantes, dont certaines partent, elles aussi, du latin, et dont les autres impliquent souvent des moyens linguistiques délicats, dont le grec et le latin offrent l'équivalent schématique, ou pour les œuvres étrangères qui, à très peu d'exceptions près, sont elles aussi nourries de latin et de grec. Or cet apprentissage du latin et du grec, ainsi que des littératures correspondantes, avec tout leur trésor de symboles, de mythes et d'exemples, qu'en fait-on ? Eh bien ! malgré ces avantages, il est, par les règlements, rendu quasiment impossible. D'abord on garde la vieille mesure, datant de 1968, qui empêche la plupart des enfants d'étudier à la fois le latin et le grec et leur impose en fait un choix entre l'un *ou* l'autre. Choix absurde ! Que dirait-on de ne permettre que les mathématiques *ou* la physique ? Ensuite, quand des enfants ont fait l'effort de s'initier, plus tard, à la seconde de ces deux langues (de façon évidemment sommaire et au prix d'un effort supplémentaire, qui n'est même pas toujours possible et que les difficultés pratiques rendent souvent presque héroïque), on leur offre un baccalauréat où cet effort n'est payé que par des points supplémentaires en vue d'une mention. Et cette situation aberrante, qu'un gouvernement éclairé eût dû corriger à tout prix et de toute urgence, tourne soudain, cette année, au désastre quand est décidée brusquement, d'un trait de plume, la suppression des mentions au baccalauréat. Les classiques ne tirent plus aucun avantage pratique de leur effort, et celui-ci ne reçoit même plus un encouragement de simple estime.

Ne dirait-on pas que tout est fait, par des régimes en principe contraires, pour arriver au même but, qui serait de tuer en France toute véritable culture littéraire ?

Je sais bien que la société a besoin de bons scientifiques, d'informaticiens, d'ingénieurs, de savants. Mais je ne suis nullement certaine que ces scientifiques par contrainte deviennent de bons scientifiques. Et surtout — Seigneur ! est-il vraiment besoin de le dire ? — la société a aussi besoin de bons littéraires.

C'est pour sa tradition littéraire, pour ses écrivains et ses penseurs, que la France est estimée au-dehors. Ce sont ses traditions qui attirent et émeuvent les voyageurs. Les universités littéraires voient encore affluer des étudiants de tous les pays qui viennent apprendre chez nous l'histoire et la philosophie, la critique littéraire et artistique, et même — oui, il faut le savoir ! — la recherche latine et grecque. Et pourtant, autre sujet d'alarme : la France n'offre rien aux étrangers qui viennent travailler chez elle. Il n'y a pas de logements prévus, pas d'équivalences claires leur permettant de s'insérer dans notre système, et pas la moindre bibliothèque de recherche où ils puissent aller travailler, s'asseoir, obtenir des livres et les poser sur une table, pour les étudier... Malgré cela, malgré ces carences à peine imaginables, ils viennent. Je ne sais pas pour combien de temps encore, mais ils viennent.

Dans notre époque où ne comptent plus que les gros sous et les profits, j'ai même entendu un éminent scientifique faire valoir que les lettres, par le biais du tourisme, rapportaient plus que bien des sciences. Je n'ai pas les éléments du calcul. Mais, pour en revenir à l'étude du français et à son rayonnement, il est quand même surprenant — pour ne pas dire plus — que l'on gémisse sur le déclin de la langue française dans le monde et que l'on ne fasse rien pour aider matériellement ceux qui viennent encore s'initier aux recherches françaises dans le domaine des lettres, ni rien non plus pour manifester, dans les diverses mesures présidant à notre enseignement et à notre recherche, qu'un tel but est, en France, reconnu pour légitime.

J'ai demandé naguère la création à Paris d'une bibliothèque des Lettres, destinée à la recherche. Je demande aujourd'hui que l'on n'ampute pas l'enseignement de la langue française, que l'on ne ruine pas la possibilité de l'associer ensuite avec le latin et le grec, que l'on crée un baccalauréat de lettres fort, assez difficile et assez complet pour ouvrir l'accès à de multiples professions. Toutes ces demandes sont sœurs : toutes sont une protestation contre le même mal, que j'ai vu progresser d'année en année, et qui devient ruineux pour les lettres en général.

D'où vient-il donc, ce mal, qui touche tout ensemble le français, le latin et le grec, la philosophie, les lettres ? D'où vient que depuis trente ans j'ai passé ma vie à lutter, et que, depuis deux ans, je suis tentée de désespérer ?

Serait-ce le développement des sciences ? En aucune façon !

Il est bien vrai que les programmes de sciences sont lourds : les progrès et les révolutions qu'ont connus certaines disciplines scientifiques ne peuvent être laissés dans l'ombre et demandent du temps, quand ce ne serait que pour être compris. Mais là n'est pas la question. Un bon bachot littéraire n'empêcherait pas un bon bachot scientifique. Aussi bien, de toute façon, les nouvelles découvertes passent-elles les possibilités des enfants. Et c'est à quoi je voudrais en venir : les scientifiques sont en général les premiers à réclamer une meilleure formation littéraire, à tous les niveaux.

J'ai cité l'argument inattendu d'un scientifique éminent en faveur des lettres : c'est aussi lui qui m'a soutenue dans le projet de création d'une bibliothèque de recherche pour les lettres ; et d'autres collègues, également scientifiques et chargés de responsabilités, ont bien voulu s'y intéresser après lui. En dehors même de l'Université, il est bien connu que beaucoup de médecins sont de véritables lettrés, depuis les plus modestes jusqu'aux plus grands : ils aiment les poètes, quand ils ne pratiquent pas eux-mêmes la poésie ; ils sont curieux d'art et d'archéologie, lisent les classiques et se tiennent au courant des études qui se publient à leur sujet. Enfin, en ce qui concerne la formation de leurs futurs élèves, les scientifiques ont toujours attaché du prix à un enseignement de base où les enfants — et même ceux qui feraient plus tard des sciences — apprendraient à s'exprimer avec précision et clarté. J'en ai connu qui, sans en avoir l'air, examinaient comment de futurs médecins, par exemple, pouvaient traiter un thème brièvement, de façon correcte et sensée. Ils savaient que la formation normale de nos lycées ne le leur garantissait pas. Et sans doute constataient-ils, par l'expérience, ce qu'Isocrate avait si fermement dit il y a vingt-cinq siècles, à savoir que le langage et la pensée vont de pair, et que la précision de l'un permet la rigueur de l'autre. Il disait, notre Grec : « C'est grâce à la parole que nous formons les esprits incultes et que nous éprouvons les intelligences : car nous faisons de la parole précise le témoignage le plus sûr de la pensée juste. » L'Académie des Sciences a émis des vœux énergiques en ce sens. La cause des lettres n'a pas de meilleurs défenseurs que les plus éminents scientifiques.

Alors ?

Peut-être l'existence des sciences humaines est-elle plus dangereuse à la cause des lettres ; car, tendant à couvrir le même domaine que celles-ci, elles prêtent par là à confusion. Je ne puis m'empêcher de me rappeler ce jour où nos Facultés des Lettres ont disparu, prenant un nom plus redondant et d'allure plus respectable : elles sont devenues Facultés des Lettres et Sciences Humaines. Je ne suis pas sûre que le mot « Lettres » ait subsisté partout ni toujours. En tout cas, aux dernières nouvelles, la Bibliothèque des Lettres dont j'avais demandé la création s'appelait déjà, bien qu'il n'y ait eu aucun début de réalisation, Bibliothèque des Sciences Humaines. Je veux bien ! Il est parfaitement vrai qu'au niveau de la recherche, les études sur les hommes et les sociétés ont pris un tour plus scientifique, qui justifie leur vogue et la place qu'elles occupent. Mais, même au niveau de la recherche, les progrès qu'elles ont accomplis risquent de masquer l'existence de tout un secteur, moins neuf, mais non moins fécond, centré sur les textes, les moyens d'expression, les poétiques, les doctrines. L'explication sociologique ou économique peut apporter sa part en ce domaine : elle ne peut en aucune façon l'annexer.

C'est là un malentendu dont je n'accuse nullement les tenants de ces disciplines : ils n'y sont pour rien. Mais il n'est pas de malentendu auquel ne cèdent nos réformateurs : nous en payons le prix quotidiennement.

Pourtant, si lourds de conséquences que soient ces malentendus, ils constituent eux-mêmes des signes plutôt que des causes. Et il se pourrait bien qu'il faille chercher l'explication plus loin.

Je voudrais en effet revenir au problème du latin et du grec, qui représente un cas limite. Dans l'ensemble, je me suis autant que possible retenue d'insister sur ces disciplines qui me tiennent si fort à cœur et que je ne cesserai jamais de défendre. Mais leur sort peut ici servir d'image grossie et de témoignage révélateur.

Je sais fort bien que les difficultés qu'elles rencontrent sont souvent affaire d'opportunité. Comme elles constituent des options, elles présentent une gêne pour l'administration, en compliquant encore des problèmes de salles, d'horaires, ou de simple pénurie. Aussi l'administration s'emploie-t-elle souvent à décourager la demande, par tous les moyens. Et c'est une pitié ; car cette demande existe, ne demande qu'à exister. Sait-on bien que, pour les débutants en grec, les chiffres sont récemment remontés plus haut qu'avant 1968 ? Seule l'organisation du baccalauréat, instituant une nouvelle dissuasion, plus efficace encore, arrive à faire renoncer les jeunes lorsque l'échéance approche. Les options sont ainsi menacées d'un bout à l'autre, comme toutes les minorités, parce qu'elles gênent.

Mais cette explication, qui est vraie, n'en exclut pas une autre, plus profonde. Pourquoi, en effet, la même entreprise de dissuasion se poursuit-elle avec tant d'obstination, encouragée par tant de gens ? Hélas ! il n'y a guère de doute : l'ironie du ton, les sarcasmes, les haussements d'épaules lassés, nous connaissons ! J'y retrouve, quant à moi, ce mauvais égalitarisme qui veut que chacun trouve désuet ce qu'il n'a pas lui-même pratiqué, et ce qui, naguère, n'était pratiqué que dans certains milieux (comme, au surplus, la salle de bains ou l'automobile, que l'on n'a pas bannies pour autant). J'y retrouve aussi ce souci de ne songer qu'à la profession, de refuser le détour par la culture, souci qui perçait — je l'ai indiqué — dans certaines définitions des finalités de l'enseignement. Mais ce refus peut prendre des formes diverses, des visages plus ou moins durs et négateurs. Et je crains bien que, combinant égalitarisme et mépris de la culture, beaucoup n'éprouvent envers celle-ci une véritable hostilité : « Nous ne l'avions pas : ce sera détruit. » Il en passe quelque chose dans les lois, beaucoup dans la façon dont elles sont appliquées, plus encore dans le ton et les manières de ceux qui se rient de nous, et qui, par là, se trahissent.

On me dira que je m'écarte beaucoup de la langue française et des classes de français ? Peut-être pas tant que cela ! Et si la même hostilité, les mêmes sarcasmes visaient aussi la langue correcte — celle que tout le monde, au départ, ne parle pas, et que beaucoup de parents, dans des milieux simples, ne parleront jamais ? Les sarcasmes ne viennent pas d'eux ; car ils aspirent en général à voir leurs enfants en savoir plus qu'eux. Mais écoutez seulement la radio, et les ironies qu'elle nous offre parfois, à propos d'un mot un peu savant, ou d'une formule qu'ils jugent prétentieuse ! Après tout, chacun est-il bien sûr qu'en s'exprimant avec correction et précision, il n'éprouve pas un petit peu de gêne, et comme une pudeur honteuse ?

Ceux qui souhaitent garder à la langue française ses qualités bien connues doivent savoir que ce sera impossible tant qu'un tel esprit sera encouragé et trouvera son chemin jusque dans les manuels, jusque dans les programmes, jusque dans les lois. Ce sera impossible tant que les lettres en tant que telles seront tenues pour un luxe d'antan.

L'enseignement des lettres est menacé avec celui du français. Cela tombe d'autant plus mal que ces deux enseignements ont déjà à souffrir d'une autre menace. Et comment ignorer cette autre menace, quand une réforme à l'emporte-pièce oblige l'enseignement des lettres à s'aligner sur celui des sciences, et à s'insérer dans des formes auxquelles sa nature même ne peut en aucune façon se prêter ? Ce danger est assez grand pour mériter un chapitre à part.

VII

LETTRES ET SCIENCES, OU L'IMPOSSIBLE UNIFORMITÉ

Une des caractéristiques de l'enseignement supérieur français est sa complexité et sa diversité : c'est aussi ce qui fait sa richesse. À côté des universités, il y a des Instituts de Technologie, des Écoles Normales Supérieures, des « grands établissements » divers, comme l'École Pratique des Hautes Études, le Muséum d'Histoire Naturelle, l'E.N.A., le Collège de France : autant de statuts, de styles et d'orientations diverses. Dieu veuille que cette diversité soit préservée ! Elle embrouille un peu les étrangers qui viennent en France ; mais elle représente la meilleure garantie de qualité qui soit, grâce à la différenciation qu'elle permet.

Cela, d'autres l'ont dit. Je le répète de toutes mes forces : on ne le dira jamais assez.

Mais une autre diversité me paraît au moins aussi essentielle : c'est celle qui distingue, au niveau de l'enseignement supérieur, les grandes orientations intellectuelles, et en particulier les lettres et les sciences.

C'est, bien entendu, trop peu dire : à côté des lettres et des sciences, la médecine ou le droit ont aussi des exigences à part, des statuts différents, des titres qui leur sont propres, ou bien qui, dans le cas du droit, couvrent du même mot des réalités tout autres que les nôtres (la thèse de droit, formant des juristes, vient avant l'agrégation ; celle-ci est destinée aux professeurs de droit, qui sont par définition, comme les médecins, professeurs d'université). Si je parle de préférence des lettres et des sciences, c'est parce que la distinction est dans ce cas moins reconnue. La médecine et le droit, contrairement aux lettres et aux sciences, débouchent sur des activités professionnelles spécifiques ; et ceci a toujours facilité le maintien de leurs statuts propres. Les enseignants et les étudiants ont d'ailleurs, de ce fait, plus de moyens d'action pour faire respecter quelques exigences fondamentales.

En revanche, les lettres et les sciences prêtent souvent à confusion. La dénomination de « sciences humaines » encourage cette confusion. Et l'esprit simplificateur qui préside à toute réforme d'ensemble s'autorise de cette confusion pour légiférer de façon uniforme à propos d'enseignements qui ne sont guère comparables. Ce qui est bon dans un domaine est souvent mauvais dans l'autre ; et les observations qui ici sont justes deviennent fausses là. Je voudrais en définir la raison, puisque cette distinction est si souvent méconnue, et que les conséquences en sont si souvent graves.

Il y a, en fait, deux différences fondamentales.

La première est que, dans le domaine des lettres (entendu au sens le plus large et englobant toutes les formes des sciences humaines ou sociales), le savoir est cumulatif.

Les sciences peuvent, j'imagine, cesser d'enseigner une méthode périmée quand une découverte récente a ouvert d'autres perspectives. Quand une propriété d'un corps a été découverte, il n'y a pas à la redécouvrir. Quand on a trouvé un procédé efficace contre un microbe ou un virus, on n'aura plus à étudier la façon dont on procédait auparavant.

Or, il n'en va pas ainsi en lettres. Certains dépouillements de sources peuvent bien servir pendant assez longtemps. Mais, même en ce travail de simple documentation, il apparaîtra de nouvelles sources et tout sera à recommencer. Sait-on bien que, même dans le domaine de la Grèce ancienne, il apparaît encore au jour, chaque année, un bon millier d'inscriptions nouvelles, et des fragments nouveaux d'œuvres littéraires jusqu'alors perdues ? Ou bien on lit une nouvelle écriture et des documents jusqu'alors dépourvus de sens s'éclairent. Les écrits sont à réviser, les répertoires et les index à reprendre, périodiquement. Mais ce qui est vrai du renouvellement des données l'est plus encore lorsque l'on commence à interpréter. Qu'il s'agisse d'une œuvre littéraire, d'une doctrine, d'une période de l'histoire, les questions ne cessent d'être posées différemment, de susciter de nouveaux rapprochements et de nouvelles méthodes. Et, contrairement à ce qui se passe dans les sciences exactes, ce renouvellement perpétuel ne frappe en rien de nullité les efforts des prédécesseurs. Il y a, de toute évidence, des travaux qui se périment, et qui, probablement, n'étaient pas excellents au départ. Mais il est toujours imprudent de l'admettre *a priori*. Qui de nous n'a peiné sur un problème, puis envisagé, un beau jour, avec espoir, un rapprochement d'où surgirait quelque lumière, et n'a enfin, au moment où la joie du succès lui donnait des ailes, rencontré son rapprochement, avec beaucoup d'autres non moins bons, dans un vieil article oublié, consacré, peut-être bien, à un problème différent ? Et en dehors même des études savantes, dans lesquelles chacun a apporté son écot, sa solution, ou sa suggestion, qui de nous ne s'est aperçu que le problème sur lequel il peinait n'était pas propre à son texte ou à son époque, qu'il fallait comparer le grec avec le latin, avec le français, ou bien, dans d'autres cas, avec l'araméen, l'hébreu et l'égyptien ? Qui de nous, étudiant un siècle, ne s'est aperçu qu'il fallait regarder de près le précédent et le suivant ? Qui de nous, en lisant certaines synthèses des grands maîtres, n'a pensé un jour que ce qu'il a fait dans sa vie était terriblement partiel, parce qu'il n'avait pas la maîtrise de données, de textes, de langues en assez grand nombre ? La recherche, dans le domaine littéraire, exige des lectures qui, à la limite, seraient infinies : presque rien ne peut être rejeté : au contraire, la matière à dominer augmente sans arrêt.

De cette première grande différence découlent des conséquences importantes pour l'organisation des études supérieures — des différences dont, ces jours-ci, on semble, hélas, méconnaître l'existence.

La principale concerne la thèse de doctorat, en lettres. Une thèse de sciences (ou de droit, ou de médecine) peut porter sur un point précis, apporter une nouveauté, faire la preuve d'une méthode ; elle peut donc être probante, même après un bref nombre d'années. Il n'en est pas ainsi en lettres. Il faut au moins deux ou trois ans de lectures à hautes doses avant que ne commence l'effort personnel d'organisation des données. Si les lectures sont insuffisantes, la thèse ne vaut, très exactement, rien. On étudiera par exemple tel mot, telle notion, tel usage, telle idée, soit dans un auteur donné soit dans une époque donnée ; on arrivera à des conclusions, qui sembleront nouvelles, ou en tout cas solides ; mais on ignorera que l'auteur contemporain, ou antérieur, que l'époque précédente ou le pays immédiatement voisin renversent complètement ces perspectives. Ou bien on ignorera que des bas-reliefs, des inscriptions, des témoignages, traduits en une autre langue, auraient changé toutes les données ; ou bien l'on ignorera telle interprétation antérieure, qui offre du texte ou bien du fait une interprétation différente ; ou bien l'on ignorera que le texte sur lequel on s'appuie a été soupçonné d'être inauthentique, que certains manuscrits suggèrent une lecture différente, que la prosodie, la métrique, l'histoire du vocabulaire imposent de réviser le sens couramment adopté. Une thèse de lettres ne peut avoir de valeur, ni garantir la compétence de son auteur, que si elle a été faite en un temps assez long. Qui plus est, elle n'a pas non plus de valeur scientifique ou de caractère probant, si elle n'est pas suffisamment développée. Car, pour reprendre l'exemple cité en dernier, comment jugerait-on un travail qui dirait : « Je choisis telle lecture du texte » ou « J'adopte tel sens pour ce texte » sans donner ses raisons, sans montrer que le tour de la question a été fait et que le raisonnement repose sur des preuves contrôlées avec rigueur.

Je sais mieux que personne que la plupart des

thèses de lettres étaient, depuis dix ou quinze ans, beaucoup trop longues. Tout le monde a protesté là contre. J'ai obligé des candidats à couper, à récrire. Mais le système qui leur imposait, pour être inscrits, promus, nommés, et recevoir tels autres avantages de ce genre, de montrer, au fur et à mesure, des passages rédigés trop tôt, encourageait une tentation dangereuse : celle de trop écrire avant de dominer l'ensemble. Car c'est la hâte qui entraîne la surabondance, et non pas le loisir ou le recul. Quoi qu'il en soit, l'excès était manifeste ; il faut donc fixer une limite. Mais, de là à supprimer la vraie thèse, il y a un abîme !

Or c'est un peu ce que font les projets actuellement retenus, en assimilant la « grande thèse » à la thèse de troisième cycle, beaucoup plus vite écrite et plus brève.

J'ai dirigé des thèses de troisième cycle (faites en trois ans, le plus souvent) et des thèses pour le doctorat d'État (soutenues au bout d'une dizaine d'années, en général) : il n'y a aucun rapport entre les deux. Sur dix thèses de doctorat de troisième cycle, neuf sont des exercices utiles pour apprendre à travailler, pour apprendre à manier les instruments de travail, et pour apprendre à rédiger clairement à partir d'une matière très vaste ; une seule exceptionnellement, parce que le sujet s'y prête et que l'auteur est très capable (ou jouit de loisirs suffisants), apporte des résultats dignes d'être connus et publiés. En revanche, sur dix thèses de doctorat d'État, je dirais que neuf sont dans ce cas, contre une malheureuse exception, pour laquelle le jury a fait preuve de faiblesse ou d'excessive humanité.

Or, que fait le gouvernement ? Il envisage de

supprimer la vraie thèse et de ne garder que la première — parce que les thèses de sciences se font plus vite et sont plus courtes. On ne peut rien trouver qui tue plus radicalement la recherche littéraire, ni qui jette une plus grande menace de désordre sur le recrutement à venir.

Je sais bien que c'est long, de travailler tant d'années à une thèse, et que c'est souvent ennuyeux et fatigant, très fatigant. Vu du dehors, c'est un exercice peu compréhensible. Et l'incompréhension se double du fait qu'il existe des pays étrangers où les thèses de lettres sont brèves et vite achevées. Mais il faut les voir, ces thèses ! Et surtout il faut se rappeler que, dans ces pays, les universités sont pratiquement indépendantes les unes des autres ; il n'y existe pas comme chez nous des règles uniformes et des compétitions nationales. On y est recruté dans une université par une comparaison ouverte, avec des interventions multiples et des lettres de spécialistes. Le rôle des patrons — et celui des copains — remplace la sélection directe. Mais que serait-ce avec notre système ? La thèse courte, jointe au recrutement contrôlé par l'État, devient indéfendable.

Et puis il y a autre chose : même si le système des thèses courtes était plus agréable, et tout aussi probant, il resterait encore que, dans le domaine de la compétition internationale, cela constituerait un suicide. On ne lit plus beaucoup le français, hors de France, mais on tente encore de lire nos thèses parce que l'on sait qu'elles représentent quelque chose de sérieux, une documentation complète, et une présentation digne d'un savant. Si, pour les lettres, la France ne produisait plus au-dehors que ces essais sommaires rédigés en trois ans, on ne tiendrait plus compte d'elle — sinon pour quelques grands ténors, ayant fait leurs preuves autrement.

Je me rallie — sans joie — à l'idée que l'on puisse être docteur sur un ensemble de travaux et d'articles ; mais cela devrait, en lettres, demeurer l'exception. Je me rallie — sans joie — à l'idée de thèses plus vite achevées ; mais cela ne devrait jamais représenter moins de six bonnes années. Il s'agit ici encore de la qualité ; simplement, il se trouve qu'en l'occurrence la qualité de la recherche littéraire est menacée — entre autres facteurs — par l'esprit d'uniformité.

J'ajouterai — et ce n'est point démagogie — que j'aimais le principe ancien, permettant à un professeur du secondaire de consacrer ses loisirs à une longue recherche, pour laquelle il a peu de loisirs, mais qu'il continue au cours des années, enrichissant son travail d'enseignant de tout ce que la recherche lui apprend et enrichissant sa recherche de tout ce que l'enseignement lui apprend. Va-t-on, à ceux-là aussi, imposer une limite de temps ? La recherche, en sciences, est nettement séparée de l'enseignement ; et ce n'est pas vrai en lettres. Des professeurs de cinquante ans soutiennent parfois des thèses remarquables. Nos jeunes maîtres de conférences, en plus des autres avantages qu'ils réclament et obtiennent, vont-ils aussi confisquer la recherche ? Cela est peut-être admissible en sciences, mais ce serait ruineux pour les lettres, et l'effet en atteindrait le secondaire autant que le supérieur.

D'ailleurs tout ce qui concerne les temps et les âges diffère selon qu'on parle de lettres ou de sciences. J'appartiens à un établissement qui groupe des littéraires et des scientifiques. Or les scientifiques sont beaucoup plus jeunes que les littéraires, toujours. Cela se comprend d'après la nature du travail en ces deux domaines. Laurent Schwartz, dans le livre excellent que j'ai cité à plusieurs reprises, donne comme l'âge de plein épanouissement du chercheur scientifique trente ou trente-cinq ans. C'est à cet âge qu'en ce domaine, où le savoir n'est pas cumulatif, apparaissent les découvertes, la notoriété, le plein épanouissement du travail. Eh bien ! il n'est pas question de cela en lettres. À cet âge-là, il commence à avoir un certain bagage dans le domaine qu'il a choisi, le jeune chercheur de lettres ; et il commence à entrevoir des idées que ses lectures lui suggèrent et que peu à peu il précisera, confirmera, rectifiera ; il commence à s'affranchir des influences qui l'ont formé. Mais il est loin d'être au plein épanouissement de ses moyens. Et, pour la même raison, le chercheur en lettres est loin de décliner, ou de faire moins de recherche, après cette date. Je suis donc prête à croire que Laurent Schwartz a raison dans son domaine quand, tirant les conclusions de son analyse, il écrit (p. 88) : « Des professeurs plus âgés, qui font moins de recherche, mais sont en revanche d'excellents enseignants, pourraient faire davantage de cours, et en général avec plaisir. » Bon ! Mais pour les lettres, cela ne va pas. Je ne parle pas, bien entendu, du plaisir d'enseigner qui n'est pas moindre en mon domaine : je nie seulement qu'en lettres les professeurs plus âgés fassent moins de recherche. Ils peuvent avoir moins de loisir pour en faire, parce que les charges de toutes sortes ne cessent de s'accroître au long d'une vie ; mais ils ont enfin l'acquis nécessaire pour faire de la recherche utile. La masse des connaissances s'est accrue ; les idées et les méthodes se sont précisées. Et c'est souvent en fin de carrière que les hypothèses lentement esquissées peuvent enfin s'épanouir en synthèses et en œuvres vraiment personnelles.

En ce qui me concerne, je sais que chaque année a apporté sa moisson et, si la vie était plus longue, si les forces ne baissaient pas, je dirais que je distingue seulement à présent, à la veille de la retraite, ce qui serait à faire d'essentiel, et ce que j'aurais enfin les moyens de bien faire... Je puis le faire aussi plus vite : j'ai moins besoin de vérifications, je sais mieux, tout de suite, ce qui est une impasse ou non et quelles sources pourraient me servir ou non. Le professeur de lettres n'accède à la maturité, pour la recherche, que bien après les scientifiques ; mais cette maturité ne fait encore que gagner, pendant un temps beaucoup plus long. Kant a écrit la *Critique de la raison pure* à cinquante-sept ans, et ses autres grands ouvrages de philosophie sont postérieurs ; Michelet a publié son *Histoire de la Révolution* à cinquante-cinq ans : et tous ses ouvrages les plus célèbres sont postérieurs. Si l'on se rapproche de nos travaux universitaires, et de ceux que je connais le mieux, le grand helléniste d'Oxford, E. R. Dodds, a écrit son livre fameux sur *Les Grecs et l'irrationnel* à quarante-sept ans et ses éditions des *Bacchantes* et du *Gorgias* ont paru lorsqu'il avait cinquante et soixante-six ans ; le grand helléniste de Vienne, Albin Lesky, est connu de tous pour son *Histoire de la littérature grecque,* qui parut lorsqu'il avait soixante ans ; et toutes ses études si personnelles sur la psychologie d'Euripide se placent quelques années après ; enfin le grand savant en philologie grecque que fut Pierre Chantraine commença son *Dictionnaire étymologique de la langue grecque* à cinquante-six ans, et était sur le point de l'achever quand il mourut, à soixante-quinze ans. Nous sommes donc loin des jeunes découvertes de nos jeunes scientifiques. Les littéraires sont comme le bon vin : ils gagnent en vieillissant. Et c'est de quoi tous les projets auraient raison de tenir compte.

Mais indépendamment même des âges et des dates, il est clair qu'il y a là, entre les deux domaines, une différence fondamentale dans la formation. Et ici nous retrouvons, au-dessous des thèses, l'agrégation. J'ai défendu ailleurs et défendrai toujours ce merveilleux moyen de recrutement, qui ne fait intervenir ni la politique ni les appartenances syndicales, et ne retient que la qualité. Mais je voudrais aussi expliquer que, pour la formation qu'il représente, le concours d'agrégation représente aussi en lettres autre chose que pour les sciences. Car, en dehors même du recrutement qui se fait par les résultats, il faut tenir compte de la formation, qui se fait sur des programmes.

Ces programmes diffèrent chaque année. Ils obligent tous les candidats à avoir, une fois dans leur vie, étudié de très près un certain nombre d'auteurs ou de questions, définis exprès chaque année. Même s'ils ne sont pas reçus, cet acquis subsiste et leur servira toute une vie. Un certain nombre de points fixes, connus avec précision, pour des époques diverses, constitue un trésor sans pareil et garantit la qualité de l'enseignement que donneront ces jeunes. Cet acquis est irremplaçable. Il ne s'agit pas en effet de dons, plus ou moins trompeurs, ni d'une méthode, qui ne vaut évidemment rien si elle ne s'accompagne pas des connaissances correspondantes : il s'agit du contenu même de leur enseignement, de sa vérité, de sa richesse, de sa correction. Il s'agit de l'essentiel.

Or que fait le gouvernement ? Si l'on en croit les bruits qui courent et certaines mesures déjà prises, il crée partout des concours parallèles, qui donneront les mêmes droits, mais ne correspondront plus à la même formation, qui tiendront compte de la pédagogie et n'exigeront plus la préparation aussi approfondie d'un programme. Il se peut qu'en sciences ce soit possible et que la science à enseigner aux enfants soit assez différente des recherches de pointe pour pouvoir s'enseigner avec seulement un minimum de formation technique. Mais ce n'est pas le cas en lettres, où un professeur qui n'aura point accumulé ce bagage de connaissances qu'implique la préparation à l'agrégation sera presque toujours moins bon professeur. Mille histoires me reviennent aux oreilles sur ces enseignants qui exposent aux élèves ce qu'ils ne savent pas — jusqu'à celui qui leur fait croire que le latin *magnus* fait au comparatif *magnior* et au superlatif *magnissimus*. Ô « magnissime » erreur ! Cela est moins grave cependant que celui qui parle d'un auteur sans en avoir jamais étudié à fond une seule page ou d'une époque de l'histoire dont il ignore comment, aujourd'hui, on l'aborde.

Je veux donc bien que l'on organise la promotion interne le plus libéralement possible — elle existait déjà, sous diverses formes, que l'on peut développer encore. Mais d'abord je ne comprends pas que l'on donne le même nom à des concours différents, qui n'auront pas, sans doute, les mêmes épreuves ni les mêmes coefficients et qui seront, chacun l'avoue, de niveau fort différent. Et, ensuite, je ne saurais admettre sans une amertume profonde que, pour les lettres, l'on encourage dans la formation des maîtres des voies qui réduisent la part des connaissances, des programmes, et de la culture. Un professeur pouvait se présenter à tout âge à l'agrégation, la vraie. On pouvait lui en faciliter l'accès, lui donner pour cela des loisirs, des congés, ou des cours par correspondance. Mais l'enseignement d'un professeur de lettres, même en seconde et même en quatrième, vaudra ce que vaudra son savoir. Et la qualité, ici encore, souffrira au moins autant que la justice, si l'on suit la voie actuellement ouverte.

Il faut donc de longs délais pour la recherche littéraire ; et il faut un apprentissage précis et poussé pour un bon enseignement littéraire. Ce sont là des différences notables, qui devraient être respectées dans chaque mesure prise. Mais, inversement, on a pu remarquer au passage une autre différence, qui se joint à celle-ci et la corrige : c'est que la recherche et l'enseignement sont, en lettres, beaucoup moins dissociés qu'en sciences.

Cette seconde différence entraîne deux applications, qui ne sont pas dénuées d'importance.

La première concerne le danger qu'il y aurait, en ce domaine, à séparer, précisément, l'enseignement de la recherche.

Cela a été l'originalité de la France depuis plusieurs siècles, que de les lier étroitement. Et on ne saurait assez dire le bien qui en a résulté dans le domaine des lettres. Dans une université, chaque cours a toujours reflété une enquête personnelle, donc un esprit nouveau, des vues originales, un élément stimulant et excitant pour tous. Les grands professeurs de philosophie ou d'histoire étaient des philosophes, des historiens ; et leur enseignement se nourrissait de leur pensée et de leurs progrès. La façon même d'expliquer un texte français changeait, elle aussi, du tout au tout selon les travaux de celui qui l'expliquait. Les cours de Brunschvig ou de Bergson, de Mathiez ou de Marc Bloch, de Paul Hazard ou de Paul Mazon, étaient des événements intellectuels. Inversement, l'habitude d'enseigner en même temps que l'on poursuit sa propre recherche apporte à celle-ci une qualité exceptionnelle. D'abord on est talonné par le cours à faire, obligé de préciser, de vérifier, de démontrer. Ensuite, on doit être compris. Lorsque l'on n'y réussit pas, cela se voit, tout de suite et sans erreur possible. On dit beaucoup aujourd'hui que l'on apprend de ses élèves : j'en demande pardon aux miens, pour qui j'ai de l'affection : ils ne m'ont pas appris grand-chose. En revanche leur existence, leur présence, les réactions de leurs visages, m'ont appris beaucoup. À chaque cours, j'ai par là senti ce qui les surprenait et devait être creusé, ce qui les ennuyait et devait par conséquent être présenté autrement, ce qui leur paraissait peu convaincant et devait donc être contrôlé. Sans doute est-ce à cette constante association de l'enseignement et de la recherche qu'est due la réputation, bien établie à l'étranger, qui veut que les érudits français possèdent une maîtrise rare de l'exposé clair et bien conduit. L'association de la recherche et de l'enseignement garantit, dans notre domaine, la qualité de chacun des deux.

On peut même dire que les bienfaits de cette association retentissent sur le secondaire. Car les jeunes professeurs de lettres formés à l'université en ont gardé le souvenir souvent excitant d'une vérité qui se cherche, de découvertes qui se font, de curiosité et d'ardeur, mais aussi de soin, de conscience, et de longues vérifications au service de petites certitudes. Ils ne répéteront pas, sans conviction, des formules toutes faites, s'ils n'ont pas entendu répéter, sans esprit critique, des doctrines venues d'ailleurs.

Je croyais cela acquis, évident, éclatant. Je ne pensais pas que l'on y toucherait jamais. Je tenais même si fort à cette association que j'étais de ceux — fort nombreux alors — qui demandaient de voir les boursiers du C.N.R.S. prêter leur concours à l'enseignement et les professeurs de lycée obtenir des bourses provisoires pour poursuivre un travail commencé.

Mais je découvre qu'en ce domaine aussi perce un danger.

On s'aperçoit d'abord que la chute du niveau interdit de commencer la recherche au début de l'enseignement supérieur. Cela est vrai, et le véritable remède qu'offrirait la sélection a été délibérément écarté. Les étudiants, par conséquent, ne seront pas mûrs, et il faudra leur donner l'enseignement général qu'ils auraient dû recevoir dans le secondaire. Reste le niveau supérieur. Mais attention ! En augmentant de diverses manières le temps de travail des professeurs (ils feront plus de semaines dans l'année et plus d'heures par semaine), n'accepte-t-on pas l'idée qu'ils n'auront plus ni le loisir de préparer des cours vraiment fouillés, ni celui de poursuivre leur propre recherche ? On en fait des fonctionnaires, chargés de transmettre des connaissances admises, élaborées par d'autres.

Par qui donc ? Eh bien c'est là que l'on découvre la vraie portée de tels glissements : ces connaissances seront élaborées par d'autres, et en particulier par les chercheurs reconnus du C.N.R.S. (ou Centre National de la Recherche Scientifique). Le glissement s'est fait en douce. Il y a seulement trois ans, tous les professeurs titulaires, en tant que tels, étaient électeurs aux commissions du C.N.R.S. Et puis, un beau jour, ils ne l'ont plus été. Ou, du moins, seul un petit nombre d'entre eux l'a été ; et encore cette concession n'aurait, me dit-on, été obtenue que de justesse !... Là-dessus, on réforme le système des thèses. J'ai dit déjà ce qu'il faut penser, dans nos disciplines, de ces thèses courtes. Mais je n'ai pas parlé des bourses qui seraient accordées pour la préparation de ces thèses ; or elles semblent bien être prévues. « Vous vous en plaignez ? », demandera-t-on. — Évidemment pas ! Je n'ai cessé de me déclarer en faveur des détachements provisoires pour les jeunes enseignants dont la thèse s'annonçait bonne. Mais je m'inquiète néanmoins, à la lumière des autres mesures que j'ai vu prendre ailleurs. Je m'inquiète à la pensée de qui décernera ces bourses : dans la meilleure hypothèse, ce seront les commissions du C.N.R.S., élues au scrutin de liste, donc largement politisées, qui feront la loi pour une discipline. Le professeur dirigeant la thèse comptera moins que ces représentants officiels de la recherche, dont dépendra le sort des jeunes. Et puis je m'inquiète aussi de savoir quel sera le nombre de ces bourses, et dans quelle mesure ceux qui n'en auront pas bénéficié pourront cependant travailler, publier, être reconnus. À la lumière du reste, ces mesures d'apparence généreuse me laissent entrevoir le double spectre omniprésent de la politisation et du dirigisme. En tout cas, en admettant même que ces dangers soient illusoires, il est clair qu'une faille apparaît entre le corps des professeurs, dans son ensemble, et l'organisation de la recherche.

Je ne sais quel peut en être l'effet dans le domaine de la recherche scientifique proprement dite, qui demande moins de durée et de maturation ; mais je sais bien que, dans le domaine de la recherche littéraire, on perdrait tous les avantages que j'ai tenté d'évoquer. Quant à l'enseignement supérieur des lettres, sa qualité en souffrirait plus gravement encore : il se ressentirait de ce nouvel aplatissement et de ces nouvelles restrictions.

Quant à l'autre remarque, relative, elle aussi, au lien qui associe, en lettres, l'enseignement et la recherche, elle concerne, au contraire, les débuts de cette dernière.

J'ai en effet mieux mesuré la distinction à faire, ici, entre lettres et sciences, en lisant le livre de Laurent Schwartz, auquel j'ai déjà fait allusion : les livres honnêtes ont, entre autres mérites, celui de faire réfléchir ceux qui les lisent.

Ce livre déplore, à propos des classes préparatoires aux grandes Écoles et des grandes Écoles elles-mêmes, que certaines filières, autrement excellentes, excluent l'initiation à la recherche ; or je n'ai pas le sentiment qu'il en soit ainsi dans les lettres. Et ma remarque vaut aussi bien pour les classes préparatoires aux grandes Écoles que pour les grandes Écoles elles-mêmes.

Je passerai sur les Écoles : il semble bien que l'enseignement scientifique y soit fort différent de ce qu'il est en lettres. Je crois comprendre qu'en sciences il est essentiellement confié à des professeurs d'université détachés à plein temps. Tel n'est pas le cas en lettres, où il y a des jeunes « agrégés-répétiteurs » qui restent jusqu'à leur départ éventuel pour une université, et d'autre part une série d'enseignements spécialisés, confiés à des professeurs éminents, de Paris ou de province, parfois pour des années et parfois pour une durée assez brève, mais toujours en plus de leur service, jamais à plein temps. J'ai connu ce système lorsque j'ai enseigné dans les deux Écoles normales de la rue d'Ulm et de « Sèvres ». Il présente toute la variété, la souplesse et la haute spécialisation qui semblent faire défaut en sciences.

En revanche, je voudrais m'arrêter un moment au problème des classes préparatoires que sont, pour nous, les « khâgnes ». On a trop parlé d'elles, ces derniers temps, et elles me tiennent trop à cœur, pour que je n'indique pas ici certains traits qui me semblent les distinguer des classes scientifiques, ou « taupes », et qu'il peut n'être pas inutile de tirer au clair.

D'abord, peut-on dire, comme on le dit de la taupe, que la khâgne exclut pendant deux ans toute initiation à la recherche ? Avec ma double expérience d'ancien professeur de khâgne et d'ancien professeur d'université, je répondrai certainement : non !

Je reconnais volontiers que l'orientation est différente. Les élèves de khâgne doivent pouvoir se débrouiller dans beaucoup d'auteurs et de questions, avec rapidité : le professeur traite donc de sujets variés, et insiste sur les points essentiels, sur ce qui peut servir en des cas multiples. Au contraire, le professeur d'université traite d'un programme bien défini (la caractéristique est la même que pour l'agrégation) et il s'arrête aux difficultés, aux sens douteux, aux théories contestées. En cela consiste l'initiation à la recherche. L'élève de khâgne apprend à savoir et l'étudiant apprend à douter.

Mais, ce point une fois reconnu, il faut bien reconnaître aussi que le texte ou la question sont cependant les mêmes, dans les deux enseignements, et cela à dessein, et que les deux approches sont remarquablement complémentaires. Un bon professeur de khâgne ne manquera pas de consulter les divers ouvrages savants et de donner à ses élèves une idée des problèmes qui restent ; de même, un bon professeur d'université ne manquera pas de s'assurer que les réflexions auxquelles il invite son auditoire seront d'abord étayées par une bonne connaissance générale du sens des textes, du cadre des événements, du contenu des doctrines ; aucune recherche ne peut valoir quoi que ce soit sans de telles bases.

Les deux types d'enseignement sont donc, dans les lettres, parents et complémentaires. D'autre part, si les autres cours spécialisés de l'université peuvent ouvrir les yeux des jeunes vers des aspects de la recherche qu'ils ne connaissaient pas et qui n'ont guère de place en khâgne, en revanche la grande culture de base qui y est donnée oblige le futur spécialiste de littérature à avoir travaillé l'histoire, la philosophie, ainsi qu'au moins une langue vivante ; et elle fournit ainsi pour la recherche littéraire un point d'appui que rien, jamais, ne remplacera.

Il serait toutefois inexact de s'en tenir à cette euphorie. Car si, jusqu'à présent, l'on a pu constater les divergences de principe entre les lettres et les sciences, la seule mention de ces disciplines qui n'ont pas leur place en khâgne invite à introduire une seconde distinction, qui porte cette fois sur diverses sortes de disciplines dites littéraires.

Il reste en effet exact que la formation des khâgnes se combine fort bien avec la recherche littéraire, dans la mesure où celle-ci est représentée dans les khâgnes. Mais il existe des disciplines dont ce n'est pas ou n'était pas le cas ; la jeune ambition des sciences sociales, par exemple, s'est récemment avisée, fort justement, que les normaliens arrivaient à l'École Normale Supérieure, ou au moins sortaient de khâgne, sans aucune information ou préparation en ces domaines. Et, renonçant à préciser à ce sujet une vue d'ensemble, on s'est empressé de leur faire de la place, en bousculant l'organisation du concours d'entrée et l'enseignement dans les khâgnes. On peut aujourd'hui entrer à l'E.N.S. avec des sciences sociales et de l'économie, mais sans latin (et, bien entendu, sans grec).

Je suis de ceux qui ont essayé en vain de l'éviter, et qui s'en consolent mal. Mais, ici encore, il importe de bien mesurer à quelle idée des khâgnes et de la culture littéraire une telle réforme correspond.

Il y avait en effet deux solutions.

La première consistait, puisqu'il y avait quatre Écoles Normales, à leur donner à chacune une orientation différente et à les spécialiser. La fameuse égalité aurait, pour une fois, été satisfaite. Or, elle ne l'a pas été. On a porté atteinte, gravement, à la qualité de la sélection en instituant, une fois de plus, deux concours parallèles. On a contribué à tuer la tradition littéraire classique, dont le concours devient, par comparaison, plus difficile. On a encouragé la disparition des langues classiques dans le secondaire en leur ôtant le dernier de leurs lieux d'implantation. On a fait une cote mal taillée, combinant la recherche et la formation de base, la sélection et l'orientation, la culture et l'éparpillement. Car enfin ce coup si grave porté à la formation classique va-t-il mener très loin la spécialisation de nos futurs maîtres en sciences sociales ou en économie ? Ils ne pourront jamais en avoir fait beaucoup, ni se mettre au niveau des étudiants de droit ou de sciences économiques. Ils auront plus de culture qu'eux, sans doute ; mais la belle unité, qui était la règle des khâgnes, ayant ainsi été battue en brèche, la force de cette culture aura subi un premier coup. Et elle n'avait pas besoin de cela.

La vérité est que les sciences sociales ont tous les titres à s'affirmer et à s'ouvrir aux futurs normaliens, mais que le prestige du nom, en voulant tout mettre ensemble à la rue d'Ulm, a poussé à mêler une fois de plus les exigences de chaque espèce de discipline. On jugera aux résultats ; s'ils sont ce que j'imagine, on aura sacrifié le latin à une illusion.

C'est d'ailleurs l'hésitation entre la spécialisation de la recherche et la formation de la culture qui explique toutes les contradictions, tous les flottements des réformes actuelles. Car, c'est un fait, on tend à ouvrir les khâgnes à des enseignements spécialisés au moment même où l'on tend à transformer l'enseignement spécialisé des universités en une formation générale et encore indécise.

Or ce qui était possible dans les khâgnes parce que celles-ci sont faites pour un petit nombre de gens, qualifiés et motivés, qui sont admirablement encadrés et prêts à fournir un effort énorme en vue du concours, ne l'est pas dans les universités qui accueillent un public plus nombreux, plus libre, et moins stimulé, puisque aucun concours n'est à la clef : ce qui peut être une haute culture dans les khâgnes ne peut être que bachotage ailleurs. Inversement ce qui peut être essai de spécialisation dans le monde des universités, où chacun choisit sa voie, ne peut avoir dans les khâgnes assez d'importance pour être utile, s'il ne s'agit que de matières ajoutées dans un programme déjà chargé et chez des gens que talonne la compétition à venir.

Et puis, osons le dire (à force de nous attaquer de toutes parts, nous autres littéraires, on nous a rendus terriblement timides) : osons déclarer que toutes les disciplines n'ont pas le même genre de valeur. Il se peut que des disciplines neuves, où tout est à faire, mènent à des résultats remarquables, soit dans la simple pratique quotidienne, soit dans la recherche : il ne s'ensuit pas qu'elles aient la même valeur formative pour fournir à la pensée des bases solides, et des racines profondes. Les études qui touchent aux sociétés contemporaines et à leur mouvance n'ont pas nécessairement le même genre d'utilité pour une culture préliminaire que les disciplines tournées vers une tradition intellectuelle qui, avant tout, arrache au présent. Aussi bien n'y prétendent-elles pas. Et l'on peut se demander s'il n'y a pas quelque ingratitude chez ceux qui défendent avec tant de talent et de foi ces disciplines nouvelles. Après tout, ils sont sortis, pour la plupart, des anciennes khâgnes, et ne se sont orientés qu'ensuite vers les voies nouvelles : il ne semble pas qu'ils en aient tant pâti.

Les solutions ne devraient donc pas être dans les moyens termes et les combinaisons boiteuses destinées à flatter les soucis de chacun, mais dans le respect des différences. Une fois ces différences reconnues, dans leur source profonde et méthodologique, il aurait suffi — il suffirait encore — de ménager des facilités pratiques pour concilier les avantages des diverses formes d'enseignement. Pour les littéraires propres, il n'y aurait besoin que d'informations, de rectifications d'horaires, et peut-être, dans certains cas, d'une meilleure organisation des équivalences : les avantages de la khâgne se combineraient alors avec l'initiation à la recherche. Pour les semi-littéraires (du type de ces sciences sociales, dont je parlais à l'instant), les passerelles pourraient être multipliées, les grands débutants pourraient être avantagés, l'initiation pourrait même être étendue à tous. (On m'a tellement dit que l'on pouvait si bien commencer le grec à l'université !...). Mais la première règle devrait être de ne pas porter atteinte à ce qui va bien ; et la deuxième de ne pas confondre les genres ni la nature des disciplines.

J'en indiquerais bien une troisième ; mais elle a déjà été abondamment rendue évidente à chaque instant de cette réflexion : les demi-mesures que je viens d'évoquer sont, de toute évidence, le résultat de compromis entre revendications diverses : c'est bien pourquoi elles aboutissent toujours à des cotes mal taillées. Un arbitrage entre des réclamations contraires ne peut tenir la place d'une vue d'ensemble, pas plus que le marchandage entre partis ou syndicats ne peut définir une politique cohérente ; et, quand il s'agit d'enseignement, le procédé est plus grave encore. Il faut des commissions, des échanges de vues, des vœux, des revendications et tout ce dont se remplit aujourd'hui la vie quotidienne des intellectuels. Mais il faut que ceux-ci produisent une information suffisamment différenciée pour ne pas tout mêler, en alignant les lettres sur les sciences et en combinant à la diable les lettres proprement dites aux sciences sociales. Tant qu'on ne groupera pas les gens en fonction de leurs disciplines diverses, et avec le souci de respecter leurs différences, on détruira plus qu'on ne construira. Pardon : on « déconstruira ! » : comme le mot a été forgé avec à-propos pour notre temps !

Je pourrais ajouter qu'il en est de même pour la simple répartition des crédits. Et c'est pourquoi je demandais une bibliothèque de recherche en lettres, qui eût été l'équivalent, pour les lettres, de tous les laboratoires de recherche dont ont besoin les sciences. Mais je ne veux pas suivre la mode en soulevant encore et toujours des questions d'argent : je préférerais ajouter, à ces devoirs du législateur envers les disciplines différentes, et leurs exigences spécifiques, un mot sur ses devoirs en faveur des disciplines à protéger.

On protège ce qui est menacé : les espèces animales en voie de disparition, les espaces verts, les demeures historiques, les manuscrits de nos auteurs. Il est incroyable que l'on ne protège pas les disciplines menacées. Au contraire, emportés dans un élan de réglementation uniforme, à la Napoléon, les gens au pouvoir laissent jouer la loi du nombre et sont prêts à rayer, sans plus, ce qui tombe au-dessous d'une certaine barre.

S'il n'y a pas assez d'élèves de grec une année dans un établissement, adieu le grec ! S'il n'y a pas assez d'élèves de russe, adieu le russe ! Et, comme il faut bien faire des économies, on charge les établissements de ces coupes sombres, sans en prendre vraiment la responsabilité. Mais est-il normal, ou sain, de laisser disparaître d'un établissement le grec, ou le russe ? Je suis bien placée pour connaître les faits dans le cas du grec : je sais que le chiffre des élèves varie du tout au tout selon le professeur, et varie aussi du tout au tout selon le chef d'établissement. Est-il normal, ou sain, que le goût de l'administration pour les horaires sans bavures la pousse à tuer une discipline, qu'il sera ensuite presque impossible de rétablir quand auront disparu l'habitude, l'exemple des précédents, et la confiance même des professeurs ? Ce sera le rocher de Sisyphe. Et peu à peu, d'un établissement à l'autre, ce que la loi prévoyait d'offrir ne sera plus offert. Qui plus est, cela continuera dans l'enseignement supérieur où le grec et le latin représenteront toujours, lors des votes, des effectifs moins importants que l'histoire ou bien l'anglais. Et peu à peu on verra, au départ des professeurs, les postes disparaître. Un ministre naguère avait dit que jamais un poste de grec ne serait supprimé. Depuis quelques années, ils le sont souvent. Les professeurs, devenant moins nombreux, ne peuvent plus offrir le même éventail de spécialisation ; et la qualité risque de pâtir avec la quantité. En même temps, ce rétrécissement de la peau de chagrin devrait décourager les jeunes ; et c'est un beau miracle — le vrai miracle grec ! — qu'il ne soit point encore parvenu partout à ce résultat.

On me dira que je ne m'en prends plus là au caractère uniforme des projets valables pour tous. C'est bien vrai, car il n'y a plus de projet du tout. En ce domaine, le gouvernement se contente de laisser faire, attendant que les gens se partagent comme ils pourront des crédits souvent gravement insuffisants. Il ne se soucie pas du résultat, même s'il consiste à démanteler des citadelles dont naguère la France pouvait justement être fière. Il laisse se régler les choses au coup par coup. Et il est, lui, hors du coup.

C'est évidemment le contraire des grands projets à cadres fixes. Mais c'est la même ignorance des exigences propres à chacun. Et le résultat de ces petits abandons non prémédités rejoint en définitive les grandes législations non nuancées.

Dans les deux cas, l'enseignement des lettres est le grand perdant. Ou plutôt, c'est la France, puisqu'elle en subit et en subira le déclin.

Conclusion

UNE GERBE DE CRITIQUES POUR UN SEMIS D'ESPOIR

Les critiques et les inquiétudes manifestées dans ce livre sont de divers ordres ; et leur importance varie également.

Je ne les ai pas formulées, comme certains l'imagineront peut-être, sous l'effet d'un attachement systématique au passé en tant que tel. Il est bien vrai que je plaide pour la connaissance du passé : je ne crois pas que celle-ci ralentisse en rien les innovations, la libre création, ou l'élan qui mène de l'avant ; l'histoire même de l'humanité, qui en a vécu jusqu'ici, suffit à en faire foi. Quant aux institutions d'hier, elles n'étaient pas bonnes en tout et il n'était pas question qu'elles puissent durer toujours sans s'adapter et se renouveler. Simplement je suis guidée, dans tous les cas où je les défends, par trois considérations. D'abord, ces institutions d'hier contenaient un certain nombre d'éléments excellents, qui ont fait leurs preuves ; et c'est un gaspillage cruel que de les abolir. Ensuite, l'enseignement dans son ensemble constitue une combinaison d'une grande complexité, où tout retentit sur tout ; et chaque réforme globale en matière d'enseignement introduit le désordre, entraînant souvent, sur tels ou tels points, des conséquences ruineuses. Mais surtout — surtout ! — les pressions de la lutte politique et sociale risquent d'être en ce domaine encore plus mauvaises conseillères qu'ailleurs et d'aboutir à sacrifier, précisément, les finalités d'éducation nationale aux finalités politiques.

Le chapitre relatif à la politisation occupe la place centrale de ce livre : je pense que le phénomène auquel il s'attache forme effectivement comme la clef de voûte du système. L'égalitarisme et le souci de niveler d'une part, le matérialisme et le refus de la culture d'autre part, s'y rattachent visiblement et en sont le reflet — comme si la lutte des classes se traduisait dans ces deux tendances également désastreuses.

A voir les textes et leurs justifications, on pourrait en douter ; et je suis prête à croire que beaucoup de ceux qui engagent les choses dans cette voie ne sont pas mus par de tels mobiles, ou n'ont pas conscience de l'être. Mais depuis quelque temps déjà le tour des choses dans l'enseignement ne permet guère d'étendre cette confiance à tous. Les mesures officielles ne font en effet qu'encourager — et révéler — un esprit que trop de partisans, peu à peu introduits dans les rouages de l'enseignement, y faisaient progressivement régner partout où ils le pouvaient et où l'occasion leur en était donnée.

Or il est grave que les finalités propres à l'enseignement soient ainsi subordonnées à d'autres. La dégradation qui en résulte est d'ores et déjà visible. La qualité de l'enseignement, celle des enseignants, celle des diplômes, ont déjà souffert. Ouvertement, on se rit du savoir et on s'en détourne, on écarte la morale, on renonce à la littérature, à la culture. Ces attitudes se traduisent dans l'évolution des programmes et dans la réforme des institutions. Encore un peu, et l'on risque d'aboutir à une ruine irréversible. Beaucoup d'enseignants, qui sont indiscutablement de gauche, mais qui ont l'expérience et l'amour de leur métier, l'ont ressenti comme moi et vivent dans la même stupeur devant ce qui se passe.

Si j'ai pris sur moi d'exprimer notre commune inquiétude, ce n'est pas de gaieté de cœur. Il m'est pénible de heurter un certain nombre de personnes envers qui j'ai de l'amitié, voire de la reconnaissance. Mais le souci que je voyais se développer, non sans raisons, autour de moi, méritait d'être connu et expliqué — cela d'autant plus qu'à mes yeux tout effort d'explication lucide peut comporter une efficacité. C'est pourquoi j'ai voulu montrer ce qui me paraissait devoir être sauvé à tout prix aujourd'hui, d'abord dans les institutions essentielles de notre enseignement (j'ai dit lesquelles, chemin faisant), ensuite dans l'esprit même auquel elles correspondent et qui est au moins aussi important.

Car il est temps de le dire : les critiques que j'ai formulées ont un envers. Elles partent d'un sentiment très vif de ce que cet esprit de l'enseignement avait et pourrait encore avoir, de précieux et de magnifique. C'est là un sentiment que nous sommes beaucoup à éprouver et qui est la base même de notre expérience.

Voyant se développer un peu partout (et, par voie de conséquence, dans l'enseignement) une sorte de défiance et d'hostilité à l'égard du savoir, comment ne pas désirer rappeler que cette acquisition du savoir est aussi entraînement intellectuel, apprentissage de la rigueur, perfectionnement des aptitudes à s'exprimer, à raisonner et à juger ? Comment ne pas vouloir montrer que le savoir permet de comprendre la pensée d'autrui et de nourrir la sienne propre ? C'est là une fonction que l'enseignement remplissait et que, d'après des jugements autorisés, il ne remplit plus ou plus assez. Et, me souvenant de la joie qu'il peut y avoir à guider, rectifier, et encourager un esprit encore malhabile, puis à le voir progresser, j'ai voulu dire ce qu'il en coûterait de laisser proliférer ces doutes et cette démission, ce qu'il en a coûté déjà.

De même, voyant se développer un peu partout (et, par voie de conséquence, dans l'enseignement lui-même) une sorte de dénigrement à l'égard de l'enseignement comme formation morale, comment n'aurais-je pas désiré rappeler que tous ces exercices intellectuels ont pour base et pour sens la recherche de la vérité, et le refus de toute tricherie, que, d'autre part, les enseignements littéraires y joignent l'éveil à bien des valeurs essentielles — à la beauté, à la générosité, à l'humanité. Quand on parle de s'adapter au changement, de coopérer, de s'insérer dans une action commune, et que l'on écrit que cela ne s'apprend pas dans les livres, comment n'aurais-je pas souhaité répondre : Si ! À travers l'assimilation des découvertes de l'esprit, que développent les livres, à travers le progrès de l'attention et de l'esprit critique qu'exige leur lecture, et à travers l'effort collectif pour les comprendre, cela, précisément, s'apprend ! Et, me souvenant de ces moments rayonnants où une classe soudain se passionne pour un problème, ou bien s'enflamme d'affection pour un héros ou une image, comment n'aurais-je pas voulu rappeler ce qu'il coûterait et ce qu'il en a coûté déjà de céder aux finalités économiques ou au matérialisme ambiant et de laisser disparaître de tels moments, ou, pis encore, d'en effacer la portée humaine pour les couler dans le moule d'une certaine actualité ?

Voyant enfin les moyens manquer, les exigences diminuer, et les différences de compétence s'estomper au niveau où s'élabore la recherche, comment n'aurais-je pas voulu rappeler combien il faut de patience, d'expérience et d'entraînement, si l'on veut qu'en ce domaine le travail vaille quelque chose, et combien, au surplus, les lettres y ont des exigences différentes des sciences. Or elles méritent aussi d'être prises en considération. En quelques années de relâchement, c'est toute une tradition de progrès qui risque de se perdre. Aussi, me souvenant de ces dialogues, de ces révisions, de ces conseils, d'où l'on a enfin le bonheur, dans certains cas, de voir sortir le livre réussi de quelqu'un que l'on a connu débutant, et qui se révèle au bout du compte un savant indépendant, capable de faire ce que soi-même l'on n'a pas fait mais à quoi l'on a indirectement contribué, j'ai voulu rappeler ce qu'il en coûterait de brader ces efforts obstinés au service de petites vérités, dont aucune n'est une révélation, mais dont la somme constitue la science.

Ces exercices de l'esprit, ces moments de révélation, ces efforts de clarification et de précision, n'ont rien de bourgeois, ni d'aristocratique, ni de fermé. Tous y sont invités. Tous, au départ, y participent à égalité. Et tous en bénéficient.

Tous sans doute ne poursuivent pas jusqu'au bout

les voies de la culture. Des choix et des orientations diverses s'imposent et devraient intervenir assez tôt. Mais précisément ces choix et ces orientations devraient préserver la qualité de la culture chez ceux qui continuent en ce sens, tout en évitant aux autres les contraintes qui lassent. Et ces autres eux-mêmes, tout en bifurquant vers des voies différentes, en auraicnt au moins connu les rudiments ; et ils ne sauraient qu'y gagner ; ils en garderaient, consciemment ou non, un acquis durable.

Jusqu'à présent, je tiens à le dire, c'était le cas. Et nous nous donnions à cette tâche, sous ses formes diverses, sans nous soucier jamais ni des opinions ni des milieux sociaux, mais simplement du but à atteindre. Jamais un mot non plus, dans mon enseignement, n'a, à aucun moment, reflété des opinions politiques, même sous forme voilée. Aussi, me souvenant de cette réserve, et du mal scrupuleux avec lequel nous corrigions ces épreuves anonymes des grands concours nationaux, de l'attention avec laquelle nous nous efforcions de dégager les meilleurs, pour les aider à poursuivre plus loin encore, comment n'aurais-je pas voulu rappeler ce qu'il en coûterait de renoncer à cet effort attentivement impartial, et ce que, déjà, il en a coûté d'affaiblir un tel principe ?

Tel est pour moi cet esprit même de l'enseignement, que l'on est aujourd'hui en train de sacrifier.

Périmé, tout cela ? Périmée, la culture ? Les jeunes, me dit-on avec un sourire indulgent (ou plutôt narquois), n'en veulent plus. Et pourquoi tant de hâte à le croire, et à ratifier cette tendance ? On voudrait répondre : « Patientez ! Essayez ! Laissez-les au moins y goûter ! Et laissez ceux qui en ont encore le goût en profiter ! » Car il y en a, et plus que l'on ne croit, et pas nécessairement dans les milieux où l'on s'attendrait à les trouver. Je me défie des règlements pris en fonction de sondages hâtivement généralisés. Quand bien même ceux qui en ont le goût seraient une minorité, elle compte. Et qui sait si le dégoût des autres n'est pas une crise provisoire, née d'une initiation trop hâtive et trop peu organisée, puis encouragée par les moins jeunes ? Être menacé ou être périmé sont deux choses bien différentes.

Et puis est-il jamais raisonnable de renoncer pour de telles raisons ? Si l'enseignement a l'inconvénient que toute mesure malencontreuse se répercute sur au moins une génération, inversement la moindre étincelle peut, de proche en proche, faire de grandes flammes. Combien étaient-ils, à la Renaissance, à vouloir le retour à la culture ? Or c'est ainsi qu'est née toute notre littérature et toute notre pensée.

Alors, si l'on vient me demander à quoi bon ces critiques contre des mesures dont la plupart sont déjà prises et devront être appliquées, ou contre une tendance aujourd'hui si puissante qu'elle semble tout balayer sur son passage, je répondrai que toute critique se double toujours d'une possibilité d'espérance, et qu'au nom de cet esprit de l'enseignement, que je viens d'évoquer, je ne saurais désespérer.

Certes, le mal est là, menaçant ; les ravages déjà exercés en témoignent. Parfois il me semble qu'il s'aggrave si vite que ce qui nous guette à plus ou moins long terme ressemble fort à la barbarie. Tout cela pourrait décourager. Mais précisément l'urgence même du danger doit être un stimulant : elle doit aujourd'hui susciter une prise de conscience et un appel à tous. C'est une des raisons d'être de ce livre, ou plutôt sa seule raison d'être.

En essayant de montrer ce qui est en jeu et quel avenir se prépare, il constitue tout d'abord un appel à tous ceux de qui dépend ou dépendra, de près ou de loin, l'organisation de l'enseignement. Il est aussi un appel à tous ceux qui, par leurs enfants ou par leurs proches, ou simplement en tant que Français, sont les usagers de l'enseignement et dont l'opinion peut, aujourd'hui ou demain, ici ou là, un peu ou beaucoup, exercer son influence. Des règlements nouveaux, parfois même en cours d'élaboration, peuvent toujours être rapportés, modifiés, corrigés. Ils peuvent aussi être appliqués de façon plus ou moins dure ou plus ou moins heureuse. Ils peuvent enfin être suivis d'autres, qui, selon les cas, les aggraveraient ou en atténueraient les inconvénients. Les choses humaines vivent et évoluent. Elles peuvent donc, aussi, évoluer en bien — à condition du moins que l'on veuille bien les y aider. Or il est grand temps de s'y mettre : plus on laisse aller les choses et plus il deviendra difficile de remédier au mal.

Mais ce livre est aussi écrit pour tous ceux qui enseignent et dont l'expérience est voisine de la mienne, afin d'empêcher que les bouleversements actuels ne les frappent de doute et ne paralysent leur ardeur. Cet esprit de l'enseignement, que je viens d'évoquer, dépend de nous. Il est possible de préserver par-devers soi ces valeurs, quels que soient les règlements qu'il conviendra d'appliquer, quels que soient aussi les conditions matérielles, les pressions morales, les déboires, ou le poids des habitudes. Il faut pour cela que chacun sache qu'il n'est point seul à les respecter. Il faut que tous gardent, quand ils l'avaient, le sens de la mission qui est la leur et de son importance. Pourquoi imaginer qu'ils n'y réussiront pas ? Qu'ils fassent partie de toutes les associations qui les y aideront ! Qu'ils se rencontrent et échangent leurs expériences et leurs projets ! Qu'en même temps ils prennent conscience du trésor qui leur est confié et des dangers que celui-ci est aujourd'hui en train de courir. Il se peut que ce soit difficile, et souvent décourageant. Mais j'ai au moins deux raisons de penser que ce sera possible. D'abord, je l'ai dit, je crois en la lucidité : je crois donc que, plus on a mesuré les implications d'une tâche, plus on est en mesure de l'assurer, quelles que soient les circonstances. Ensuite je crois que la difficulté stimule presque toujours l'ardeur et le courage. Ceux entre les mains de qui repose la charge de transmettre le savoir, le sentiment du bien et le zèle au service de la vérité sauront que tout dépend de leur fermeté et que, pour le moment, on ne les aide pas : cela même, peut-être, les aidera.

Devant bientôt cesser d'enseigner, tout ce qu'il me restait à faire était, avec cette gerbe de critiques, d'apporter au moins ma contribution morale, afin d'éveiller l'attention et de stimuler le courage de ceux qui peuvent encore, à quelque niveau que ce soit, exercer une action et faire pencher la balance.

L'enseignement libéral que j'ai connu est aujourd'hui bafoué, meurtri, et menacé dans sa vie même. C'est une situation dans laquelle nous pouvons toujours nous inspirer d'une phrase célèbre, et dire que, s'il a perdu une bataille, il n'a pas perdu la guerre.

INDEX

Organismes et institutions
dont il est fait mention dans le livre

TABLE DES MATIÈRES

Achevé d'imprimer en mars 1984
sur presse CAMERON,
dans les ateliers de la S.E.P.C.
à Saint-Amand-Montrond (Cher)
pour Julliard,
éditeur à Paris

N° d'Édition : 4715. N° d'Impression : 540
Dépôt légal : février 1984.
Imprimé en France